ANTOLOGIA

GREGÓRIO DE MATOS

ANTOLOGIA

Seleção e notas de
HIGINO BARROS

www.lpm.com.br
L&PM POCKET

Coleção **L&PM** POCKET, vol. 175

Introdução e notas de rodapé de acordo com a nova ortografia.
Texto dos poemas de acordo com a grafia original.

Primeira edição na Coleção **L&PM** POCKET: julho de 1999
Esta reimpressão: março de 2021

Capa: L&PM Editores
Revisão: L&PM Editores

M433e

Matos, Gregório de, 1636-1695.
    Antologia / Gregório de Matos Guerra; seleção e notas de Higino Barros. – Porto Alegre: L&PM, 2021.
    224 p. ; 18 cm. – (Coleção L&PM POCKET; v. 175)

ISBN 978-85-254-0952-2

    1.Ficção-brasileira-Poesias. 2. Guerra, Gregório de Matos, 1636-1695. 3. Barros, Higino. I.Título. II.Série.

CDD 869.91
CDU 869.0(81)-1

Catalogação elaborada por Izabel A. Merlo, CRB 10/329

© desta edição, L&PM Editores, 1999

Todos os direitos desta edição reservados a L&PM Editores
Rua Comendador Coruja, 314, loja 9 – Floresta – 90.220-180
Porto Alegre – RS – Brasil / Fone: 51.3225.5777

Pedidos & Depto. Comercial: vendas@lpm.com.br
Fale conosco: info@lpm.com.br
www.lpm.com.br

Impresso no Brasil
Verão de 2021

NOTA AO LEITOR (1)

Os poemas publicados nesta antologia foram retirados da coleção *Os Baianos,* "Obras Completas de Gregório de Matos – Crônica do Viver Baiano Seiscentista", organizada por James Amado (Editora Janaína, Salvador, 1969). Trata-se do texto impresso mais completo já publicado sobre a poesia gregoriana, fruto de pesquisa em 25 volumes, de 17 códices manuscritos dos séculos XVII e XVIII. Assim, foram obedecidas as regras ortográficas que vigoram na edição da "Obras Completas" de James Amado, com acentos e pontuações já em desuso que, no entanto, não impedem a compreensão do texto. Pelo contrário, proporcionam ao leitor a sonoridade lusa vigente e servem como parâmetro para as experiências de linguagem que o poeta, às vezes, adotava. É um português que, de início, soa antiquado, mas que em sua forma e conteúdo contém todas as características de um discurso poético moderno.

Este trabalho se deve muito ao desafio lançado por Eduardo "Peninha" Bueno, ao incentivo de James Amado, aos livros emprestados por Antonio Hohlfeldt e a d. Nair Ávila, por renunciar durante oito meses a seus dicionários e enciclopédias.

Para a Tânia, Joana e Thiago. Para os meus pais, Francisco e Antônia, *in memoriam.*

Higino Barros, Porto Alegre, 1985.

Nota ao leitor (2)

Gregório de Matos continua tão enigmático para a cultura brasileira como sempre foi. A saber: em palestra realizada, em maio de 1999, em Porto Alegre, num ciclo de debates sobre os 500 anos de Descoberta do Brasil, ao referir-se ao poeta baiano e seu contemporâneo padre Antônio Vieira, o crítico literário paulista Roberto Schwarcz (grande autoridade em Machado de Assis) os considerou manifestações da literatura lusitana. Seu companheiro de debate, o baiano Antônio Risério (grande autoridade em Gregório de Matos) comentou depois: "É, o Roberto não gosta muito do Gregório não".

À parte gostos, identificações e discussões literárias, o poeta seiscentista paira como bruxo-exu-guia das letras nacionais, principalmente na que se enquadra como malcomportada. Na Bahia, por exemplo, onde nasceu há mais de 400 anos, é possível encontrar em cada esquina um doutor em Gregório de Matos. O poeta mesmo registrou, no seu tempo: "Em cada canto, um grande conselheiro/ que nos quer governar cabana, e vinha/ não sabem governar sua cozinha/ e podem governar o mundo inteiro".

Personagem-título de um romance escrito por Ana Miranda, em 1989, *Boca de Inferno* (Companhia das Letras), Gregório de Matos volta e meia reaparece no cenário da literatura tupiniquim. Sua produção poética lírica e religiosa perde em popularidade para a obra crítica, social e desbocada. Afinal, ela é mais de acordo com o Brasil, passado mais de quatro séculos de sua existência. E em tempos de Toninho Malvadeza, políticas globalizantes, neoliberalismos e mudanças aceleradas, Gregório de Matos fascina e intriga, provoca e instiga. Publicado originalmente na coleção "Rebeldes e Malditos", da L&PM, em 1985, esta antologia do vate baiano, "gênio da raça", na classificação de Glauber Rocha, na virada do século, mostra que ninguém mais do que ele mereceu, no país, o epíteto de rebelde e maldito.

Higino Barros, Porto Alegre, inverno de 1999.

CRONOLOGIA

1636 – Nascimento na Bahia.
1642 – Estudos no Colégio dos Jesuítas.
1650 – Embarque para Portugal.
1652 – Ingresso na Universidade de Coimbra.
1661 – Formatura em Cânones e casamento com d. Michaela de Andrade, em Lisboa.
1663 a 1674 – Nomeações para juiz, procurador e representante da Bahia, nas cortes, em Lisboa.
1674 – Destituição da Procuradoria da Bahia.
1678 – Morte de d. Michaela de Andrade.
1679 – Nomeação para desembargador da Relação Eclesiástica na Bahia.
1682 – Retorno ao Brasil. Nomeação para tesoureiro-mor da Sé.
1683 – Destituição dos cargos eclesiásticos.
1684 – Início das viagens pelo Recôncavo Baiano.
168(?) – Casamento com Maria de Povos.
1694 – Deportamento para Angola.
1695/96(?) – Morte no Recife.

INTRODUÇÃO

Salvador, dezembro de 1969. O telefone toca na casa do escritor James Amado, irmão do romancista Jorge Amado. O dono da casa atende. Do outro lado da linha, Luiz Viana Filho, governador da Bahia, que alia sua condição de político com a de literato, ocupante de uma cadeira na Academia Brasileira de Letras. Viana Filho explica. Quer mostrar a James um ofício que acaba de receber do general Abdon Sena, comandante da 6ª Região Militar, cuja jurisdição é subordinada ao IV Exército, em Recife.

Um ano antes, James Amado havia fundado uma pequena editora, a Janaína, e publicara as obras completas do poeta seiscentista Gregório de Matos e Guerra. Como forma de participação no projeto, Luiz Viana Filho comprara parte da edição para que ela fosse distribuída na rede escolar do estado, bibliotecas e outras entidades culturais. Pois no ofício enviado ao governador baiano, o general Abdon Sena o repreende por ajudar na publicação de obras de um autor que as autoridades militares consideram "subversivo, anticlerical e pornográfico" e pede o confisco dos livros.

Nos meios literários e acadêmicos da Bahia, correu a versão de que os livros foram confiscados e queimados, num episódio que reeditava a Alemanha nazista. A poesia de Gregório de Matos teve melhor sorte. No ofício-resposta enviado ao Exército, em que recusava a entrega dos livros, Luiz Viana Filho juntou uma série de opiniões favoráveis sobre a obra gregoriana, de respeitados intelectuais brasileiros, e deu o episódio por encerrado.

Mais do que uma postura de cunho obscurantista, das muitas que o governo militar implantado no país a partir de 1964 patrocinou, a ameaça sobre os escritos de Gregório de Matos era reveladora: 274 anos depois da morte do poeta, sua obra continuava sofrendo a consequência de ser a mais rebelde e maldita, das que foram criadas até hoje, na literatura brasileira.

A condição de rebelde, maldito e proibido é que esta antologia se propôs a enfocar, não só porque coincide com o título da coleção, mas também pelo caráter pouco conhecido desta vertente da obra gregoriana. Em geral, vista como uma produção menor, comparada a seus escritos sacros, líricos e amorosos. É uma posição que compartilha a crença, existente entre determinados setores culturais, de que sexo, sensualidade e outros temas que dizem respeito ao corpo humano são tabus. Ainda mais se abordados numa linguagem despudorada, inovadora e popular que não respeita nada, nem ninguém. Que não se constrange em rimar, por exemplo, Jesu com cu.

Resultado deste temor e/ou desprezo pelos poemas fesceninos de GM é que a maioria dos estudos e antologias sobre sua obra omite, justamente, os escritos que o levaram a ser conhecido como "O Boca do Inferno", temido e reverenciado na Bahia do século XVII. É esta poesia que fica de fora das edições de suas obras, organizadas por Afrânio Peixoto, para a Academia Brasileira de Letras, em 1923-1933; é ela que atrai a ira de um general do Exército em 1969 e que por ser a de maior agrado popular é a mais alterada, quando transcrita para códices, por seus admiradores. Estes fatos não a tornam mais importante do que as outras manifestações poéticas gregorianas. Mas têm importância decisiva em sua vida, tornando-se uma das causas de sua deportação para Angola.

As dificuldades de estudo e pesquisa da poesia de GM, já que ele não deixou nada escrito em vida, são bem conhecidas. Se na sua obra já foram identificadas cópias, transcrições e adaptações de autores portugueses, entre eles Camões, e espanhóis (principalmente Góngora e Quevedo) – é bom lembrar que o conceito de autoria, na época, não está firmado –, e se ela sofreu muitas alterações quando registrada por terceiros, há também uma considerável produção que é reconhecidamente de sua autoria. As palavras do professor Antonio Houaiss sobre o assunto são esclarecedoras: "O material da tradição representada pelos códices possíveis, no sentido lato, parece ser base excelente para a edição crítica da obra de Gregório de Matos"[1].

Bem mais difíceis de serem esclarecidos são alguns aspectos de sua vida. Os mais importantes somente há poucos anos foram revelados graças, sobretudo, às pesquisas desenvolvidas pelo professor Fernando da Rocha Peres, mestre em Ciências Sociais (História) pela Universidade Federal da Bahia. Rocha Peres localizou em Lisboa e Coimbra documentos que comprovam a data certa do nascimento de GM, o registro de seu primeiro casamento e outros papéis que reconstituem com mais exatidão a trajetória do poeta em terras portuguesas e brasileiras, até então incompleta.

A trajetória biográfica

Gregório de Matos nasceu na Bahia, no dia 23 de dezembro de 1636,[2] numa família abastada, que faz fortuna depois de deixar a Corte para colonizar o Brasil. A origem da riqueza familiar está no avô paterno, Pedro Gonçalves de Matos, desembarcado na Bahia como mestre de obras de pedreiro, uma espécie de empreiteiro, que enriquece

---

1. *Tradição e Problemática de Gregório de Matos* (OC/JA, vol. VII, p.731).
2. Pedro Calmon registra 20 de dezembro (*A Vida Espantosa de GM*. R. J., p. 14, 1983).

rapidamente construindo quartéis, fontes e ladeiras. Documentos da época o dão como dono de um guindaste novo, para transporte de mercadorias da cidade baixa para a alta, em 1632, e fazendeiro de gado em Inhambupe, nas portas do sertão baiano. Entre 1638 e 1643 torna-se senhor de engenho e plantador de cana, dono do Engenho de Sergipe do Conde, que pertencera a Mem de Sá, governador-geral do Brasil, de 1558 a 1572.

Herdeiro destes bens é Gregório de Matos, pai, casado com Maria da Guerra, com quem terá cinco filhos: duas mulheres, Justa Fernandes e outra de nome desconhecido, e os varões Pedro de Matos de Vasconcelos, Eusébio de Matos e Gregório de Matos e Guerra. Com os irmãos homens, o poeta manterá grande camaradagem e aproximação. O primogênito, Pedro de Vasconcelos, quando adulto vem a ser o administrador das terras paternas, enquanto Eusébio será um orador sacro famoso em seu tempo, padre da Companhia de Jesus e, mais tarde, frei carmelita com o nome de Eusébio da Soledade.

A prosperidade acompanha a família Matos. O velho Gregório é dono de uma fazenda de cana na Patatiba (Recôncavo Baiano) e ocupa cargos na administração portuguesa como almocatel (inspetor de pesos e taxação de gêneros alimentícios), tesoureiro, depositário do Juiz de Órfãos e Procurador do Conselho entre 1642 e 1649. O licenciado Manuel Pereira Rabelo, primeiro biógrafo de GM, enfatiza a riqueza da família do poeta, chamando a atenção para o número de escravos que possuíam, "mais de 130", ficando claro que os Matos exercem relação direta com a principal fonte econômica da Colônia, o açúcar, e fazem parte da classe dominante como colonizadores e não como colonizados.

A cidade da Bahia é a capital do vice-reinado do Brasil e recupera-se de combates contra os holandeses que, sob o comando de Maurício de Nassau e sediados em Pernambuco, ameaçam com incursões periódicas a segurança dos engenhos e povoações baianas. Mas não é só na Colônia que o ambiente político e social é conturbado. Portugal, sob o domínio espanhol, busca a separação, que vai conseguir em 1640, com a restauração do trono português por d. João IV.

Os primeiros estudos de GM, junto com os dois irmãos, ocorrem no Colégio dos Padres da Companhia de Jesus da Bahia, onde fica de 1642 a 1650. Como outros filhos varões da classe dominante, é enviado com pouco mais de 14 anos para prosseguir seus estudos na Corte. Em 1652, ingressa na Universidade de Coimbra, onde se forma em Cânones, em 1661. Ano em que se casa com d. Michaela de Andrade e prepara-se para fazer carreira em leis. De 1662, quando conquista a Habilitação (*de genere*) para Leitura de Bacharel, a 1674, a trajetória do poeta é ascendente: nomeação para Juiz de Fora de Alcácer do Sal (1663), representante da Bahia nas "cortes" (27 de janeiro de 1668), Juiz do Cível em Lisboa (1671), procurador da Bahia em Lisboa (1672) e novamente representante da Bahia nas "cortes" (20 de janeiro de 1674). Seus escritos poéticos e a carreira de magistrado lhe granjeiam fama e respeito, mas em 1674 é destituído da Procuradoria da Bahia. A data marca também o nascimento e o batismo de uma filha natural em Lisboa, de nome Francisca, com uma mulher solteira, Lourença Francisca.

Em 1678, aos 42 anos, fica viúvo em Lisboa e começa a perder as graças do rei d. Pedro II, a quem tinha acesso. Segundo seus biógrafos, perde a proteção real por se recusar a uma missão de devassa no Rio de Janeiro, dos crimes de Salvador Corrêa de Sá e Benavides, "por temer tão poderoso e dissoluto século" (MPR-OC/JA, vol. VII) ou por não acreditar nas promessas de recompensa do soberano português. Ainda assim, obtém o cargo de desembargador na recém-criada Relação Eclesiástica da Bahia, para onde retorna entre 1682/83, não antes de tornar-se, em Lisboa, clérigo tonsurado (padre, com obrigação de uso de batina e obediência à hierarquia religiosa).

Na Bahia, no início de 1683, acumula o cargo de desembargador da Relação Eclesiástica com o de tesoureiro-mor da Sé, mas em agosto do mesmo ano é destituído das funções, principalmente por sua recusa em usar os hábitos religiosos e levar uma vida de acordo com sua posição.[3] A cidade que deixara quando criança, para estudar na Corte, está transformada. Possui cerca de três mil casas em 1681, segundo relata Sebastião Cardoso de Sampaio, procurador da Fazenda.[4]

Governa a Bahia Antônio de Souza Menezes, o "Braço de Prata", de gênio impulsivo e propenso à violência, que logo ganha muitos inimigos políticos, entre eles o influente padre Antônio Vieira e seu irmão, Bernardo Pereira Ravasco, secretário de Estado e perseguido com rigor pelo "Braço de Prata". A comunidade divide-se na rixa entre Menezes e Ravasco. Lidera a facção dos Menezes o alcaide-mor Francisco Teles de Menezes. No lado oposto perfilam-se os Ravasco, Bernardo e Gonçalo (irmão e sobrinho do padre Vieira), os irmãos André e Antônio de Brito Castro, Antonio de Moura Rolim (primo materno do poeta), o escrivão da Câmara, João de Couros Carneiro, o escrivão da Fazenda, Francisco Dias do Amaral, e os capitães do presídio, Diogo de Souza da Câmara e José Sanches Del Poços. Como se vê, todos com algum poder ou cargo na administração da cidade. São quase todos grandes amigos de GM e vão figurar em seus escritos como parceiros de muitas andanças pelo Recôncavo.

Enquanto os amigos hostilizam os Menezes prometendo cenas de valentia, heroicos embates de espadas, GM,

---

3. Sobre este episódio o licenciado Manuel Pereira Rabelo anotou: "Poucos dias antes pretendeu este Prelado com piedosas mostras persuadir ao poeta que tomasse ordens sacras, para conservar-lhe os cargos; mas ele respondeu com inteira resolução que não podia votar a Deus aquilo que era impossível cumprir pela fragilidade de sua natureza; e que a troco de não mentir, a quem devia inteira verdade, perderia todos os tesouros e dignidades do mundo". (OC/JA, p. 1.702, vol. VII).

4. *A Vida Espantosa de Gregório de Matos*, Pedro Calmon, Rio de Janeiro, 1983, p. 58.

já reincorporado ao cotidiano da terra natal, contenta-se em atingir seus inimigos com a chacota, com o ridículo e o seguro anonimato de seus versos. A rivalidade agrava-se. Os irmãos André e Antônio de Brito são vítimas de uma emboscada. Escapam feridos e juram vingança. Dia 4 de junho de 1683, oito mascarados surpreendem o alcaide-mor na rua do Colégio e o assassinam. Os autores do crime refugiam-se entre os jesuítas. A reação do governador Souza Menezes é de acordo com seu temperamento. Cerca a casa dos religiosos da Companhia de Jesus, prende dezenas de suspeitos, desconfia de sua tropa. E escreve para Lisboa denunciando que tudo se deve "aos conselhos que se faziam no Colégio, à vista do padre Antônio Vieira e seu irmão, o secretário de Estado, e sobrinho, Gonçalo Ravasco..."[5]

Gregório de Matos, despojado dos cargos eclesiásticos, que são garantias de imunidades e bons proventos, refugia-se na Praia Grande, nos arredores da cidade, aguardando os desdobramentos do caso Francisco Teles e a chegada de um novo governador-geral, enviado pela Corte para o apaziguamento dos ânimos. Passa a maior parte de seu tempo em busca dos prazeres que o percurso dos engenhos de cana oferece, reconciliando-se, nos seus versos, com a terra que o viu nascer, "a peste do pátrio solar". É provável que neste período tenha criado a maioria de seu romanceiro popular. Daí a importância capital de seu envolvimento no caso da morte do alcaide-mor. É ela quem o joga no Recôncavo Baiano, em peregrinações, traduzidas em relatos pormenorizados em seus poemas, assinalando, no século XVII, o nascimento do romance de costumes brasileiros. Não em prosa, como é habitual, mas sim nos versos gregorianos.

Passa os últimos tempos de governo do "Braço de Prata" refugiado no convento de Santa Teresa, em companhia de seu irmão frei Eusébio e de Bernardo Vieira Ravasco.

---

5. *O Crime de Antônio Vieira*, Pedro Calmon, Editora Melhoramentos, São Paulo, 1931.

Chega à Bahia o novo governador-geral, Antonio Luiz de Souza Teles (1684-1687), e GM retorna à sua condição de advogado e de cronista picaresco da cidade, assumindo, às vezes, o papel de censor público. Casa-se pela segunda vez. A escolhida é Maria de Povos, viúva pobre de grande beleza, musa de uma série de poemas amorosos clássicos. Desta união nasce o filho Gonçalo.[6]

O casamento, a vida familiar, o trabalho rotineiro não são suficientes para domá-lo, torná-lo de novo um indivíduo doméstico, como fora um certo tempo em Portugal. Os engenhos, os amigos, os lundus, os jogos, uma viola de cabaça que, segundo a tradição, construíra com as próprias mãos, e as mulatas são tentações mais fortes. Pelas mulatas e negras sucumbe o seu racismo, sua aversão por descendentes dos africanos, a quem ataca em seus escritos. A Bahia entra na última década do século XVII e ei-lo novamente às turras com outro governante da cidade, Antônio Luiz da Câmara Coutinho (1690-1694), o "Tucano", o "fanchono beato". Os biógrafos de GM apontam, em geral, duas razões para o poeta se inimizar com Câmara Coutinho. Considera-se prejudicado ao não ser atendido em solicitação (mercê ordinária) que faz ao governador e defende interesses de amigos, que tinham dívidas com o fisco e foram cobrados pela autoridade.

Mas a convivência de GM com o poder constituído não é apenas antagônica. Em 1686, já destituído dos cargos eclesiásticos na Sé, pelo arcebispo d. fr. João da Madre de Deus, o lisonjeia com o soneto "Sacro Pastor da América Florida", em que promete: "Tecerei uma história em ouro fino / de meus versos será um templo frequente / onde as glórias te cante de contínuo" (OGM/ABL, vol. II, p. 73). O próprio Câmara Coutinho, o "fanchono beato", é homenageado num soneto laudatório: "Ó herói celestial, quase

---

6. Segundo Pedro Calmon, eram dois os filhos. O segundo morre pequeno, quando o poeta, condenado à deportação para Angola, refugia-se na ilha de Madre de Deus (*A Vida Espantosa de...*, Rio de Janeiro, 1983, p. 122 a 124).

divino / o maior que o seu nome e a sua fama / É esse que estais vendo, ó Peregrino" (OGM/ABL, vol. II, p. 72). Fato curioso e instigante é não haver condenação do poeta pelo Santo Ofício, já que entre seus alvos preferidos figuravam padres, freiras, frades e seus superiores hierárquicos do clero. Tudo indica que o fato de ser oriundo da classe dominante o deixava protegido dos rigores da Inquisição, atuante e com grande poder em Portugal e na Espanha.[7]

O certo é que a década de 90 chega trazendo uma série de infortúnios ao poeta. Câmara Coutinho, que deixara o governo e fora sucedido por um primo e cunhado, d. João Lencastre, embarca para Portugal, mas permanece na Bahia um parente (sobrinho ou filho) que jura GM de morte. Novamente o Recôncavo serve de refúgio para o autor de sátiras contundentes contra o "fanchono beato", mas Gregório acaba atraído à cidade, onde é preso por ordem de d. João Lencastre, segundo a tradição amigo e admirador do "Boca do Inferno". D. João, para protegê-lo (?) da ameaça de morte do parente de Câmara Coutinho, para ficar a salvo (?) da violência dos seus versos, o deporta para Angola. Está fechado o ciclo baiano de Gregório de Matos.

Desembarca em Luanda, em 1694, onde acaba envolvido com uma sublevação de militares, que protestavam contra a mudança de padrão monetário, imposto pela Corte à colônia africana (o dinheiro passa de "libongos" para moedas). O episódio está narrado nos escritos que registram a breve estada de GM pela África. Sua participação no motim se dá como conselheiro forçado dos rebeldes, colaborador do governador Henrique Jacques de Magalhães (a quem fora recomendado por d. João Lencastre) e acusador adjunto no processo de condenação dos revoltosos. Por sua atuação, ficando ao lado do poder real, obtém o direito de retornar ao

---

7. Detalhes da única denúncia contra GM ao tribunal do Santo Ofício foram publicados na *Revista do Brasil* (nº 3, 85, Funarj) no ensaio de FRP "Quem pediu a bênção a Gregório de Matos?" (*Revista do Brasil*, nº 3, 85. p. 4 a 11, Funarj).

Brasil. É repatriado para Pernambuco, em 1695, e passa os últimos dias de sua vida às margens do Capibaribe.

Está proibido de versejar, mas é cortejado pelos poderosos. Cai no agrado do governador Caetano de Mello e Castro e no dos senhores de engenho, revivendo, em Pernambuco, seus dias de folguedos, em cenários semelhantes, na Bahia. Parte de seus biógrafos atribuem, no final de sua vida, um retorno à religiosidade, como se houvesse, no meio de uma crise mística, o arrependimento de uma existência pecaminosa. A descrição é do professor Fernando da Rocha Peres: "Uma rigorosa febre, talvez contraída na África, que aparece insinuada nos versos *febre maligna e ardente / que aos três dias ou aos sete / debaixo da terra mete / o mais robusto* (OC/GM, 1968, p. 1.607), será a causa de sua morte, com cinquenta e nove anos, no dia 26 de novembro de 1695, seis dias após a morte de Zumbi dos Palmares".[8]

O historiador Pedro Calmon considera que o licenciado Manuel Pereira Rabelo e outros biógrafos de GM enganam-se em relação à data da morte de Zumbi (que serve de referência à morte de Gregório) e fixa outra data para a morte do poeta: "O cronista confundiu o hasteamento no Recife, da cabeça do quilombola, em 1696, com a captura, em 1694, do reduto dos Palmares .../... pela data da comunicação, 14 de março, concluímos que morreu Gregório de Matos na segunda semana de março de 1696".[9]

Seu corpo é enterrado na antiga capela do Hospício de Nossa Senhora da Penha, dos capuchinhos franceses, arrasada mais tarde para a construção de um novo santuário, não restando do poeta lápide, registro do túmulo, nem atestado de óbito. Cumpre-se o vaticínio, feito em um de

---

8. *Gregório de Matos e Guerra: Uma Revisão Biográfica*, FRP, Salvador, 1983, p. 97.

9. *A Vida Espantosa de Gregório de Matos*, PC, Rio de Janeiro, 1983, p. 207.

seus poemas: "Fica-te em boa, Bahia / que eu me vou por este mundo / cortando pelo mar fundo / numa barquinha / Porque ainda que és pátria minha / sou segundo Cipião / que com dobrada razão / a minha ideia / te diz: *non possedebis ossa mea*".[10]

Quase a totalidade dos dados pessoais sobre GM foram transmitidos pelo licenciado Manuel Pereira Rabelo, que, fantasiando ou não alguns acontecimentos, deixou pistas para uma melhor compreensão da personalidade rica e contraditória do poeta. Algumas delas: vive à custa dos amigos e dos senhores de engenho, quando consegue algum dinheiro não tem a mínima preocupação em guardá-lo ou investi-lo. Assim procede com uma pequena fortuna obtida na venda de terras que Maria de Povos recebera como dote de casamento. Escolhe o nome do primeiro filho Gonçalo, como vingança a uma desavença doméstica – a mulher foge de casa e refugia-se na casa de um tio, que força uma reconciliação do casal. Gregório aceita, mas com uma dupla condição: que Maria de Povos volte para casa acompanhada de um capitão do mato, como as escravas capturadas, e o filho seja batizado como Gonçalo, "em casa onde não mandava a galinha, mas o galo" (OC/JA, MPR, vol. VII, p. 1.706). Na intimidade, gosta de andar nu. Quando sai a passear pelas ruas, diques e mares da Bahia, se veste com tal aprumo, sua figura é tão bizarra que curiosos assomam às portas e janelas, para o verem passar. Em suas andanças carrega uma viola de cabaça, que o acompanha nos momentos de maior perigo, como na prisão antes de ser deportado e durante o motim em Angola. Em Recife, adorna seu escritório de advogado com bananas, fruta tropical que servirá, séculos mais tarde, como símbolo de identificação cultural brasileiro, em variadas manifestações artísticas (Modernismo de 22, Carmen Miranda, tropicalismo etc.).

---

10. *Obras Completas*/JA, Salvador, 1968, vol. II, p. 1.591.

A impressão que fica sobre este conjunto de comportamentos é de um indivíduo, talvez, progressista demais para sua época. Um artista, com plena consciência de seu dom (versejar) e poder. Capaz de exercitar, em todos os níveis de existência, seu papel de porta-voz extremado do barroco baiano, cujas origens são portuguesas, mas com os pés, coração e mente, definitivamente, plantados no Brasil.

A resistência dos seus escritos

A maior parte da produção satírico-erótica gregoriana foi escrita durante onze anos (entre 1683 e 1694), com o poeta em plena maturidade física e intelectual. Se sua poesia lírica, sacra e amorosa é um exemplo clássico do barroco vigente na época, quando se trata da sátira os personagens nunca surgem de forma alegórica ou simbólica. É tudo direto, contundente, realista, às claras, marcado por uma violência vocabular quase única, que agride, assusta e impõe temor. Nada escapa à sua observação. Não é somente o amor platônico que o inspira, mas também o erótico, o carnal, o escatológico até. Tudo serve de alvo para seus disparos certeiros: justiça, dinheiro, autoridade, sovinice, agiotagem, hipocrisia, ódio, virtude, devassidão, despeito, inveja, beleza, feiura, ignorância, feitiçaria, superstição, vício, honradez, servidão, jogatina, maldade, fidalguia, ralé, pobreza, rapacidade, orgulho, suborno, ladroagem, vingança, felonia e toda uma série de pequenos e grandes atos humanos, flagrados, principalmente, em seus aspectos de dualidade. Segundo a professora Maria de Lourdes Teixeira – "retratos de uma força extraordinária conquanto sintéticos, estereotipando personagens de todas as categorias, de todas as classes, desde o populacho até a administração e a clerezia, sempre nos impondo a visualização dos tipos como faria um legítimo romancista".[11]

---

11. *Gregório de Matos - Estudo e Antologia*, MLT, Melhoramentos, São Paulo, 1977, p. 94.

Esta obra torna-se impublicável no século XVII pelos tipos que retrata (em especial, no que se refere às autoridades civis, militares e religiosas), pela linguagem chula e agressiva e pelas inovações gramaticais que traz, rompendo com os estilos padronizados e conhecidos da época. Ela sofre a rigorosa censura que a Corte exerce na produção cultural, controlando a impressão e a circulação de livros – "o número de pessoas que sabiam ler era reduzidíssimo. Algo como 2% em Portugal e 0,5% entre os portugueses vindos de Portugal e os portugueses aqui nascidos, isto é, os brasileiros".[12]

A primeira publicação de seus poemas no Brasil só ocorre no século XIX, em 1850, no *Florilégio da Poesia Brasileira*, de Francisco Adolfo de Varnhagen, o visconde de Porto Seguro. Daí em diante, dentro de uma "coerência gregoriana", sua poesia vai dividir críticos e estudiosos, já que ela comporta variadas leituras e interpretações, muitas das quais o colocam no patamar dos gênios, outras no da mediocridade. Exemplo de quem considera GM "venerável figura de nossa literatura barroca", segundo as palavras e relação do professor Antonio Houaiss, se encontra nos respeitados nomes de Araripe Júnior, Sílvio Romero, Machado de Assis, Rônald de Carvalho, Graça Aranha, Afrânio Peixoto, Constâncio Alves, Xavier Marques, Pedro Calmon, Homero Pires, Clóvis Monteiro, Vale Cabral, Segismundo Spina. Entre os que o julgam destituído de honestidade intelectual, originalidade criadora e surto poético em geral, estão os nomes não menos valiosos de Francisco Adolfo Varnhagen, José Veríssimo, João Ribeiro, Sílvio Júlio, Oscar Mendes e Paulo Rónai.[13] A postura de Houaiss, no caso, é a mesma de estudiosos modernos, ressaltando os aspectos de inovações formais e de conteúdo que a poesia de GM contém.

---

12. Antonio Houaiss em *Gregório de Matos: Uma Re-Visão Biográfica*, prefácio, Salvador, Janaína, 1983, p. 16
13. *Tradição e Problemática de GM*, OC/JA, vol. VII, p. 1.725 e 1.726.

A história da literatura portuguesa e brasileira ainda registra nomes expressivos de autores que, nos séculos XVII e nos seguintes, seguiram as pegadas e trilharam os mesmos caminhos do "Boca do Inferno" na criação de uma poesia satírica e erótica. Na origem de todos estão os espanhóis Gôngora e Quevedo, que exercem grande influência não só na poesia gregoriana, como também em quase todos autores ibéricos da época. Entram nesta relação, sem obedecer necessariamente a uma ordem cronológica, os portugueses Bocage, Tomás de Noronha, Cristóvão de Morais, Serrão de Castro e Gil Vicente. Contemporâneo de Gregório é Antônio da Fonseca Soares, o capitão "Bonina", nascido em 1631, que serviu na Bahia como soldado. Classificado como autor pornográfico, se converte em religioso, com o nome de frei Antônio das Chagas. Na Lisboa do século XVIII surge Lobo de Carvalho. No Brasil, já no século XIX (entre 1859 e 1864), destacam-se o poeta negro Luis Gama (em São Paulo) e João Nepomuceno da Silva (na Bahia), ambos abolicionistas. No século XX, a poesia de GM vai encontrar afinidades, na busca de uma individualidade nacional, com as preocupações do movimento modernista de 1922, como observa a professora Ângela Maria Dias: "No Modernismo reencontram-se muitos vestígios da descontração irônica e informal característica da sátira gregoriana. Através do Modernismo, na sua profícua vitalidade crítica, revaloriza-se a atualidade da dimensão poética da obra satírica de Gregório".[14]

Na área da crítica, quem talvez tenha melhor percebido o alcance e dimensão da obra de GM foi o acadêmico Eduardo Portella, que escreveu: "Os dois grandes eixos do sistema poético gregoriano abrigam, de um lado, a tendência à introversão, numa linha de franca ascendência maneirista, e de outro o gesto largo, extrovertido, festivo, enfatizando o

---

14. *O Resgate da Dissonância e Projeto Literário Brasileiro*, AMD, Rio de Janeiro, Inelivro, 1981, p. 110.

compromisso barroco. Se o impulso maneirista obstaculiza ou prejudica os seus primeiros passos nacionalizantes – na medida em que, obediente, reproduz a perícia e o sonho renascentistas –, a prática barroca é nele a eclosão precoce do carnaval brasileiro".[15]

Mas o exemplo mais significativo da perenidade, resistência e identificação popular da poesia de GM pode ser percebido em algumas das manifestações artísticas da Bahia do século XX. Na literatura de cordel, nos cantos dos jogos de capoeira e, principalmente, nas letras dos sambas de roda cantados nas festas de largo encontra-se quase toda a temática da obra gregoriana, em especial no que se refere ao lúdico, sensual e profano. São cantos transmitidos oralmente, de boca a boca (como os poemas do "Boca do Inferno"), de geração a geração, existindo apenas na memória popular, sem que haja uma preocupação de preservá-los, por parte de seus autores, a maioria mantida no anonimato. São versos que funcionam como a crônica dos costumes sociais e sexuais das camadas mais pobres da população urbana. É claro que estes escritos não possuem a grandeza literária da poesia de GM, mas estão a merecer um estudo mais pormenorizado por parte de quem se interessa pelo resgate de uma manifestação poética inovadora e quase desconhecida no país.[16]

Finalmente, fiel à herança e tradição da poética gregoriana, o convite ao leitor a travar logo conhecimento com a obra mais virulenta da literatura brasileira é feito com um

---

15. *Gregório de Matos - Maneirismo e Barroco*, EP, Tempo Brasileiro, Rio de Janeiro, 1976, nº 45/46, p.9

16. Alguns destes autores de cordéis e "samba de roda" conhecem a glória, quando vivos, como é o caso de José Gomes, o "Cuíca de Santo Amaro" (19 de março de 1907 – 23 de janeiro de 1964), nascido em Santo Amaro da Purificação, um tipo que desfrutou enorme popularidade e inimizades, em Salvador, graças à força de seus versos, protagonizando episódios dignos de GM (num deles, escreveu, a pedido, um cordel contra o artista plástico baiano Mário Cravo Filho. Injuriada, a vítima se armou de um revólver e passou dias procurando por "Cuíca de Santo Amaro", que, prudentemente, fora descansar durante uma temporada no Recôncavo Baiano...).

verso anônimo, bem ao estilo do "Boca do Inferno", cantado nas festas de largo da Bahia, há menos de duas décadas para o início do século XXI. Verso que, na sua irreverência, soa também como advertência:

"Lá vem a onda,
lá vem a zorra,
sai de baixo,
que lá vem a porra!"

Índice dos poemas

Descreve o que era naquele tempo a cidade da Bahia 35

Descreve a vida escolástica..36

Define a sua cidade. 36

Queixa-se a Bahia por seu bastante procurador, confessando que as culpas, que lhe increpam, não são suas, mas sim dos viciosos moradores, que em si alverga. .38

Queixas da sua mesma verdade. 58

Torna a definir o poeta os maus modos de obrar na governança da Bahia, principalmente naquela universal fome, que padecia a cidade. 60

Genealogia que o poeta faz do Governador Antonio Luiz desabafando em queixas do muito que aguardava na esperança de ser dele favorecido na mercê ordinária. 63

Continua o poeta satirizando com seu criado Luis Ferreira de Noronha..72

Aos mesmos amo, e criado. 73

Repete a mesma sátira..73

Prossegue o mesmo assunto..74

Diz mais com o mesmo desenfado....................................75

Dedicatória estravagante que o poeta faz destas obras ao mesmo governador satirizado................................75

Aos capitulares do seu tempo. 77

Aos missionários, a quem o arcebispo d. Fr. João da
    Madre de Deus recomendava muito as vias sacras,
    que enchendo a cidade de cruzes, chamavam do
    púlpito as pessoas por seus nomes, repreendendo a
    quem faltava. 78

Ao cura da Sé que era naquele tempo, introduzido ali
    por dinheiro, e com presunções de namorado satiriza
    o poeta como criatura do prelado. 79

Celebra o poeta (estando homiziado no Carmo) a burla
    que fizeram os religiosos com uma patente falsa de
    prior a Frei Miguel Novellos, apelidado o Latino por
    divertimento em um dia de muita chuva. 82

A outro vigário de certa freguesia, contra quem se amo-
    tinavam os fregueses por ser muito ambicioso 84

Ao mesmo clérigo apelidando de asno ao poeta. 86

A outro clérigo amigo do Frisão, que se dizia estar
    amancebado de portas adentro com duas mulheres,
    com uma negra, e uma mulata. 87

Ao célebre Fr. Joanico compreendido em Lisboa em
    crimes de sodomita. 91

Ao sobre dito religioso desdenhando crítico de haver
    Gonçalo Ravasco e Albuquerque na presença de
    sua freira vomitado umas náuseas, que logo cobriu
    com o chapéu. 91

A certo frade na vila de São Francisco, a quem uma
    moça fingindo-se agradecida a seus repetidos ga-
    lanteios, lhe mandou em simulações de doce uma
    panela de merda. 94

Ao mesmo capitão sendo achado com uma grossíssima
    negra. 96

Ao mesmo capitão fretando-lhe a amásia certo homem
    chamado o Surucucu. 98

Ao mesmo por suas altas prendas. 100

Ao ouvidor geral do crime que tinha preso o poeta (como acima se diz) embarcando-se para Lisboa. 101

Ao desembargador Belchior da Cunha Brochado vindo de sindicar, o Rio de Janeiro em ocasião, que estava o poeta preso pelo ouvidor do crime, pelo furto de uma negra, soltando-se na mesma ocasião o ladrão. 102

Pondo os olhos primeiramente na sua cidade conhece, que os mercadores são o primeiro móvel da ruína, em que arde pelas mercadorias inúteis e enganosas. 103

No ano de 1686 diminuíram aquele valor, que se havia erguido à moeda, quando o poeta estava na côrte, onde então com seu alto juízo sentiu mal do arbitrista, que assim aconselhará a el rey, que foi o provedor da moeda Nicolau de tal, a quem fez aquela célebre obra intitulada "Marinícolas" o que claramente se deixa ver nestes versos: 104

Agora com a experiência dos males, que padece a república nestas alterações, se jacta de o haver estranhado então: julgando por causa total os ambiciosos estrangeiros inimigos dos bens alheios. 104

Queixa-se o poeta em que o mundo vai errado, e querendo emendá-lo o tem por empresa dificultosa.......107

Satiriza o poeta alegoricamente alguns ladrões, que mais se assinalavam na república, abominando a variedade, e o modo de furtar. 108

Contemplando nas coisas do mundo desde o seu retiro, lhe atira com seu apage, como quem a nado escapou da tormenta..116

A mesma Maria Viegas sacode agora o poeta estravagantemente porque se espeidorrava muito. 117

Descreve a confusão do festejo do entrudo....................118

Descreve a jocosidade, com que as mulatas do Brasil bailam o paturi..........119

A peditório dos pretos de Nossa Senhora do Rosário fez o poeta o seguinte memorial para o mesmo Governador, impetrando licença para saírem mascarados a uma ostentação militar, a que chamaram alarde....120

Ao mesmo assunto e aos mesmos sujeitos sucedendo-lhe o que diz...........121

Vendo-se finalmente em uma ocasião tão perseguida esta dama do poeta, assentiu no prêmio de suas finezas; com condição, porém, que se queria primeiro lavar; ao que ele respondeu com sua costumeira jocoseria..........121

Chegando ali com o poeta Thomaz Pinto Brandão conta, o que passou com Antonica uma desonesta meretriz.124

Escandalizado o poeta da sátira antecedente, e ser publicada em nome do vigário de Pass, Lourenço Ribeiro Pardo, quando êle estava inocente da fatura dela, e calava porque assim convinha; lhe assenta agora o poeta o cacheiro com esta petulante..........125

A certo frade que se meteu a responder a uma sátira, que fez o poeta, ele agora lhe retruca com estoutra........129

A certo homem presumido, que afetava fidalguias por enganosos meios..........131

A certa freira que em dia de todos os santos mandou a seu amante graciosamente por pão de Deus um cará.....132

Aos principais da Bahia chamados os Caramurus..........134

A Cosme Moura Rolim insigne mordaz contra os filhos de Portugal..........135

Ao mesmo assunto..........136

A outra freira que satirizando a delgada fisionomia do poeta lhe chamou de pica-flor..........137

Encontro que teve com uma dama, mui alta, corpulenta e desengonçada..138

Passando dois frades franciscanos pela porta de Águeda pedindo esmola, deu ela um peido, e respondeu um deles estas palavras "irra para tua tia".......................142

A Thomaz Pinto Brandão queixando-se de uma mula que lhe tinha pegado uma mulata, a quem dava diversos nomes, por disfarce, dizendo umas vezes, que era íngua, e outras quebradura. 143

Chica, ou Francisca, uma desengraçada crioula, que conversava com o poeta e se arrepiava toda zelosa de o ver conversar com Maria João, no mesmo tempo, em que ela não fazia escrúpulo de admitir um mulato...145

Enfurecido o poeta daqueles ciúmes descompostos lhe faz esta horrenda anatomia. 148

Baixa que deram a esta Vicência, por dizer-se que exalava mau cheiro pelo sovacos, e se foi meter com joana gafeira..152

A brazia do calvário outra mulata meretriz de quem também falaremos em ato venéreo com um frade franciscano, lhe deu um acidente a quem chamam vulgarmente lundus, de que o bom frade não fez caso, mas antes foi continuando no mesmo exercício de desencavar, e somente o fez, quando sentiu o grande estrondo, que o vaso lhe fazia..................153

Ressentida também como as outras o poeta lhe dá esta satisfação por estilo proporcionado ao seu gênio.....157

A uma dama, que mandando-a o poeta solicitar-lhe mandou dizer que estava menstruada.......................157

A uma negra que tinha fama de feiticeira chamada Luíza da prima..159

A uma crioula por nome Inácia que lhe mandou para glozar o seguinte..161

A amazia deste sujeito que fiada no seu respeito se fazia
    soberba, e desavergonhada. ...., 163

Desayres da formosura com as pensões da natureza
    ponderadas na mesma dama. 165

A outro sujeito que estando várias noites com uma
    dama, a não dormiu por não ter potência; e lhe
    ensinaram, que tomasse por baixo umas talhadas
    de limão, e meteu quatro. 166

A umas freiras que mandaram perguntar por ociosidade
    ao poeta a definição do priapo e ele lhes mandou
    definido, e explicado nestas.....................................168

A uma dama que lhe pediu um craveiro.........................173

Pretende agora (posto que vão) desenganar aos sebas-
    tianistas, que aplicavam o dito cometa à vinda do
    encoberto. 174

Necessidades forçosas da natureza humana. 175

Pintura graciosa que faz de uma dama corcovada. 178

A d. Marta Sobral que sendo-lhe pedida ao poeta uma
    arroba de carne de uma vez, que matara, respondeu,
    que lha fosse tirar do olho do cu. 181

Namorou-se do bom ar de uma crioulinha chamada
    Cipriana, ou Supupema, e lhe faz o seguinte. 185

A outra dama que gostava de o ver mijar. 186

A uma dama que estava sangrada. 187

A uma dama que macheava outras mulheres.................188

A um sujeito, que lhe mandou um peru cego, e doente. 190

A uma dama que mandando-se coçar um braço pelo
    seu moleque, e sentindo que daquele contato se lhe
    entesava o membro, o castigou. 190

Encontro que tiveram dous namorados.........................192

A quatro negras que foram bailar graciosamente a casa
    do poeta morando junto ao dique. 193

Era desta mulata bastantemente desaforada e o poeta, que a não podia sofrer lhe canta a Moliana. 193

Como esta nenhum caso fez do poeta divertida com outros de sua qualidade, lhe desanda com estes. 197

Agrada-se dos donaires de uma cabrinha do padre Simão Ferreira e lhe faz o seguinte. 199

Queixa-se finalmente de achar todas as damas menstruadas. 200

Thomaz Pinto Brandão estando preso por indústria de certo frade: afomentado na prisão por seus dois irmãos apelidados o Frisão e o Chicória em vésperas, que estava o poeta de ir para Angola. 204

Embarcado já o poeta para o seu degredo, e postos os olhos na sua ingrata pátria lhe canta desde o mar as despedidas. 205

Descreve o poeta a cidade do Recife em Pernambuco. .208

Descreve a procissão de quarta-feira de cinza em Pernambuco. 209

Nicolau de Tal provedor da Casa da Moeda em Lisboa, que sendo bem-visto d'el Rey Dom Pedro II encontrava os requerimentos do poeta; o qual enfadado das suas demasias lhe sacudiu o caxeiro desta. 210

POEMAS

Descreve o que era naquele tempo a cidade da Bahia.

SONÊTO

A cada canto um grande conselheiro
Que nos quer governar cabana, e vinha;
Não sabem governar sua cozinha,
E podem governar o mundo inteiro.

Em cada porta um freqüentado olheiro[17]
Que a vida do vizinho, e da vizinha
Pesquisa, escuta, espreita e esquadrinha
Para a levar à Praça e ao Terreiro.[18]

Muitos mulatos desavergonhados,
Trazidos pelos pés os homens nobres,[19]
Posta nas palmas toda a picardia

Estupendas usuras nos mercados,
Todos, os que não furtam, muito pobres,
E eis aqui a cidade da Bahia.

---

17. Segismundo Spina e JMW registram "em cada porta um bem frequente olheiro".
18. SS e JMW registram "para levar à praça e ao terreiro". *Terreiro* refere-se ao Terreiro de Jesus, zona central da "cidade da Bahia". A *Praça,* junto ao Terreiro, é a Praça da Sé.
19. *Trazidos pelos pés os homens nobres;* JMW registra "trazidos sob os pés os homens nobres". E observa "na visão de Gregório, os mulatos em ascensão subjugam com esperteza os verdadeiros *homens nobres"*.

DESCREVE A VIDA ESCOLÁSTICA.

SONÊTO

Mancebo sem dinheiro, bom barrete,
Medíocre o vestido, bom sapato,
Meias velhas, calção de esfola-gato,[20]
Cabelo penteado, bom topête.

Presumir de dançar, cantar falsete,
Jogo de fidalguia, bom barato.
Tirar falsídia[21] ao Môço do seu trato
Furtar a carne à ama, que promete.

A putinha aldeã achada em feira,
Eterno murmurar de alheias famas,
Sonêto infame, sátira elegante...

Cartinhas de trocado para a Freira,
Comer boi, ser Quixote com as Damas,
Pouco estudo, isto é ser estudante.

DEFINE A SUA CIDADE.

MOTE:

De dous ff se compõe
esta cidade a meu ver
um furtar, outro foder

---

20. *Esfola-gato:* brincadeira com cambalhotas, típicas da região portuguesa do Minho.
21. *Falsídia*: falsidade. Para JMW é usado no sentido de *contar mentira*.

GLOSA

1

Recopilou-se o direito,
e quem o recopilou
Com dous *ff* o explicou
por estar feito, e bem feito:
por bem Digesto, e Colheito
só com dous *ff* o expõe,
e assim quem os olhos põe
no trato, que aqui se encerra,
há de dizer, que essa terra
De dous ff se compõe.

2

Se de dous *ff* composta
está a nossa Bahia
errada a ortografia
a grande dano está posta:
eu quero fazer uma aposta,
e quero um tostão perder,
que isso a há de preverter,[22]
se o furtar e o foder bem
não são os *ff* que tem
Esta cidade a meu ver.

3

Provo a conjetura já
prontamente como um brinco
Bahia tem letras cinco
que são BAHIA
logo ninguém me dirá
que dous *ff* chega a ter,

---

22. *Preverter:* por perverter.

pois nenhum contém sequer,
salvo se em boa verdade
são os *ff* da cidade
Um furtar, outro foder.

QUEIXA-SE A BAHIA POR SEU BASTANTE PROCURADOR, CONFESSANDO QUE AS CULPAS, QUE LHE INCREPAM, NÃO SÃO SUAS, MAS SIM DOS VICIOSOS MORADORES, QUE EM SI ALVERGA.

ROMANCE

Já que me põem a tormento
murmuradores nocivos,
carregando sobre mim
suas culpas e delitos:
Por crédito de meu nome,
e não por temer castigo
confessar quero os pecados,
que faço, e que patrocino.
E se alguém tiver a mal
descobrir este sigilo,
não me infame, que eu serei
pedra em poço, ou seixo em rio.
Sabei, céu, sabei, estrelas,
escutai, flores, e lírios,
montes, serras, peixes, aves,
lua, sol, mortos, e vivos:
Que não há, nem pode haver
desde o Sul ao Norte frio
cidade com mais maldades,
nem província com mais vícios.
Do que sou eu, porque em mim
recopilados, e unidos

estão juntos, quantos
têm mundos, e reinos distintos.
Tenho Turcos, tenho
Persas homem de nação Ímpios
Magores, Armênios, Gregos,
infiéis, e outros gentios.
Tenho ousados Mermidônios,
Tenho Judeus, tenho Assírios,
e de quantas castas há,
muito tenho, e muito abrigo.
E se não digam aqueles
prezados de vingativos,
que santidades tem mais,
que um Turco, e um Moabito?
Digam Idólatras falsos,
que estou vendo de contino,[23]
adorarem ao dinheiro,
gula, ambição, e amoricos.
Quantos com capa cristã
professam o judaísmo,
mostrando hipòcritamente
devoção à Lei de Cristo!
Quantos com pele de ovelha
são lobos enfurecidos,
ladrões, falsos, e aleivosos,
embusteiros e assassinos!
Êstes por seu mau viver
sempre péssimo e nocivo
são, os que me acusam danos,
e põem labéus inauditos.
Mas o que mais me atormenta,
é ver, que os contemplativos,
sabendo a minha inocência,
dão a seu mentir ouvidos.

---

23. *De contino:* (des.) continuamente.

Até os mesmos culpados
têm tomado por capricho,
para mais me difamarem,
porém pela praça escritos.
Onde escrevem sem vergonha
não só brancos, mas mestiços,
que para os bons sou inferno,
e para os maus paraíso.
Ó velhacos insolentes, ingratos, mal procedidos,
se eu sou êsse, que dizeis,
por que não largais meu sítio?
Por que habitais em tal terra,
podendo em melhor abrigo?
eu pego em vós? eu vos rogo?
respondei! dizei, malditos!
Mandei acaso chamar-vos
ou por carta, ou por aviso?
não vieste para aqui
por vosso livre alvedrio?
A todos não dei entrada,
tratando-vos como a filhos?
que razão tendes agora
de difamar-me atrevidos?
Meus males, de quem procedem?
não é de vós? claro é isso:
que eu não faço mal a nada
por ser terra, e mato arisco.
Se me lançais má semente,
como quereis fruto limpo?
lançai-a boa, e vereis,
se vos dou cachos opimos.
Eu me lembro, que algum tempo
(isto foi no meu princípio)
a semente, que me davam,

era boa, e de bom trigo.
Por cuja causa meus campos
produziam pomos lindos,
de que ainda se conservam
alguns remotos indícios.
Mas depois que vós viestes
carregados como ouriços
de sementes invejosas,
e legumes de maus vícios:
Logo declinei convosco,
e tal volta tenho tido,
que, o que produzia rosas,
hoje só produz espinhos.
Mas para que se conheça
se falo verdade, ou minto
e quanto os vossos enganos
têm difamado o meu brio:
Confessar quero de plano,
e que encubro por servir-vos
e saiba, quem me moteja
os prêmios, que ganho nisso.
Já que fui tão pouco atenta,
que a luz da razão, e o siso
não só quis cegar por gôsto,
mas ser do mundo ludíbrio.
Vós me ensinastes a ser
das inconstâncias arquivo,
pois nem as pedras, que gero,
guardam fé aos edifícios.
Por vosso respeito dei
campo flanco, e grande auxílio
para que se quebrantassem
os mandamentos divinos.
Cada um por suas obras
conhecerá, que meu xingo,

sem andar excogitando,
para quem se apronta o tiro.

PRECEITO 1

Que de quilombos que tenho
com mestres superlativos,
nos quais se ensinam de noite
os calundus, e feitiços.
Com devoção os freqüentam
mil sujeitos femininos,
e também muitos barbados,
que se prezam de narcisos.
Ventura dizem, que buscam:
não se viu maior delírio!
eu, que os ouço, vejo, e calo
por não poder diverti-los.
O que sei, é, que em tais danças
Satanás anda metido,
e que só tal padre-mestre
pode ensinar tais delírios.
Não há mulher desprezada,
galã desfavorecido,
que deixe de ir ao quilombo
dançar o seu bocadinho.
E gastam belas patacas
com os mestres do cachimbo,
que são todos jubilados
em depenar tais patinhos.
E quando vão confessar-se,
encobrem aos Padres isto,
porque o têm por passatempo,
por costume, ou por estilo.
Em cumprir as penitências
rebeldes são, e remissos,

e muito pior se as tais
são de jejuns, e cilícios.[24]
A muitos ouço gemer
com pesar muito excessivo,
não pelo horror do pecado,
mas sim por não consegui-lo.

PRECEITO 2

No que me toca aos juramentos,
de mim para mim me admiro
por ver a facilidade
com os que vão dar ao juízo.
Ou porque ganham dinheiro,
por vingança, ou pelo amigo,
e sempre juram conformes,
sem discreparem do artigo.
Dizem que falam verdade,
mas eu pelo que imagino,
nenhum, creio, que a conhece,
nem sabe seus aforismos.
Até nos confessionários
se justificam mentindo
com pretextos enganosos,
e com rodeios fingidos.
Também aquêles, a quem
dão cargos, e dão ofícios,
suponho, que juram falso
por conseqüências, que hei visto.
Prometem guardar direito,
mas nenhum segue este fio,
e por seus rodeios tortos

---

24. *Cilícios:* (do grego *kilíkion*, pelo latim *cilicius*) sacrifício voluntário a que as pessoas se submetiam, como penitência religiosa.

são confusos labirintos.
Honras, vidas, e fazendas
vejo perder de contino,[25]
por terem como em viveiro
estes falsários metidos.

PRECEITO 3

Pois no que toca a guardar
dias Santos, e Domingos:
ninguém vejo em mim, que os guarde,
se tem, em que ganhar jimbo.[26]
Nem aos míseros escravos
dão tais dias de vazios,
porque nas leis do interêsse,
é preceito proibido.
Quem os vê para o templo
com as contas e os livrinhos
de devoção julgará, que vão p'ra ver a Deus Trino:
Porém tudo é mero engano,
porque se alguns escolhidos[27]
ouvem missa, é perturbados
desses, que vão por ser vistos.
E para que não pareça,
aos que me escutam, o que digo,
que há mentira, no que falo
com a verdade me explico:
Entra um destes pela Igreja,
sabe Deus com que sentido,
e faz um sinal-da-cruz
contrário ao do catecismo.
Logo se põe de joelhos,

---

25. *De contino*: Ver nota 23.
26. *Jimbo*: (do quimbando *njimbui*) dinheiro.
27. *Escolhidos*: SS registra "porque se algum recolhido".

não como servo rendido,
mas em forma de besteiro
cum pé no chão, outro erguido.
Para os altares não olha,
nem para os Santos no nicho,
mas para quantas pessoas
vão entrando, e vão saindo.
Gastam nisto o mais do tempo,
e o que resta divertidos
se põem em conversação,
com os que estão mais propínquos.[28]
Não contam vidas de Santos,
nem exemplos ao divino,
mas sim muita patarata,[29]
do que não há, nem tem sido.
Pois se há sermão, nunca o ouvem,
porque ou se põem de improviso
a cochilar como negros,
ou se vão escapulindo.
As tardes passam nos jogos,
ou no campo divertidos
em murmurar dos governos,
dando Leis, e dando arbítrios.
As mulheres são piores,
porque se lhes faltam brincos
manga a volá,[30] broche, troço,
ou saia de labirintos.
Não querem ir para a Igreja,
seja o dia mais festivo,

---

28. *Propínquos:* próximo, vizinho.

29. *Patarata*: mentira, patacoada; pessoa tola, afetada, fútil.

30. *Manga a volá:* um tipo de manga do vestuário feminino. JMW registra, "corruptela portuguesa do francês *voilée, manga com véu*, ou *manga escondida*".

mas tendo essas alfaias,[31]
saltam mais do que cabritos.
E se no Carmo repica,
ei-las lá vão rebolindo,
o mesmo para São Bento,
Colégio, ou São Francisco.
Quem as vir muito devotas,
julgará sincero, e liso,
que vão na missa, e sermão
a louvar a Deus com hinos.
Não quero dizer, que vão,
por dizer mal dos Maridos,
aos amantes, ou talvez
cair em erros indignos.
Debaixo do parentesco,
que fingem pelo apelido,
mandando-lhes com dinheiro
muitos, e custosos mimos.

PRECEITO 4

Vejo que morrem de fome
Os Pais daquelas, e os Tios,
ou porque os vêem Lavradores,
ou porque tratam de ofícios.
Pois que direi dos respeitos,
com que os tais meus mancebinhos
tratam esses Pais depois
que deixam de ser meninos?
Digam-no quantos o vêem,
que eu não quero repeti-lo,
a seu tempo direi como
criam estes morgadinhos.

---

31. *Alfaias*: enfeite, adorno, joia.

Se algum em seu testamento
cerrado,[32] ou nuncupativo
a algum parente encarrega
sua alma, ou legados pios:
Trata logo de enterrá-lo
com demonstrações de amigo
mas passando o Resquiescat[33]
tudo se mate no olvido.
Da fazenda tomam posse
até do menor caquinho;
mas para cumprir as deixas
adoecem de fastio.
E dessa comissão não fazem
escrúpulo pequenino,
nem se lhes dá, que o defunto
arda, ou pene em fogo ativo.
E quando chega a apertá-los
o tribunal dos resíduos,
ou mostram quitações falsas,
ou movem pleitos renhidos.
Contados são os que dão
a seus escravos ensino
e muitos nem de comer
sem lhes perdoar o serviço.
Oh quantos, e quantos há
de bigode fernandino,[34]
que até de noite às escravas

---

32. *Testamento cerrado:* o que é escrito em carta sigilada, pelo testador ou alguém a seu rogo e complementado pela aprovação de um oficial público, perante cinco testemunhas idôneas. *Nuncupativo:* feito de viva voz.

33. *Resquiescat:* do latim *resquiescat in pace* ("repousa em paz"). No texto com significado de "terminados os ofícios fúnebres", segundo JMW.

34. *Bigode fernandino:* (ant.) dizia-se do bigode espesso e grande. Relativo a d. Fernando, rei de Portugal (1345-1383).

pedem salários indignos.
Pois no modo de criar
aos filhos parecem símios,
causa por que os não respeitam,
depois que se vêem crescidos.
Criam-nos com liberdade
nos jogos, como nos vícios,
persuadindo-lhes, que saibam
tanger guitarras, e machinho.[35]
As Mães por sua imprudência
são das filhas depredício,[36]
por não haver refestela,
onde as não levem consigo.
E como os meus ares são
muito coados, e finos,
se não há grande recato,
têm as donzelas perigo.
Ou as quebranta de amores
o ar de algum recadinho,
ou pelo frio da barra
saem co ventre crescido.
Então vendo-se opiladas,
se não é do santo vínculo,
para livrarem do achaque,
buscam certos abortinhos.
Cada dia o estou vendo,
e com ser isto sabido,
contadas são, as que deixam
de amar estes precipícios.
Com o dedo a todas mostro,
quanto indica o vaticínio,
e se não querem guardá-lo,
não culpam meu domicílio.

---

35. *Machinho:* espécie de cavaquinho (pequena viola).
36. *Depredício:* por desperdício.

PRECEITO 5

Vamos ao quinto preceito,
Santo Antônio vá comigo,
e me depare algum meio,
para livrar do seu risco.
Porque suposto que sejam
quietos, mansos, benignos,
quantos pisam meus oiteiros,
montes, vales, e sombrios;
Pode suceder, que esteja
algum áspide escondido
entre as flores, como diz
aquele provérbio antigo.
Faltar não quero à verdade,
nem dar ao mentir ouvidos,
o de César dê-se a César,
o de Deus a Jesu Cristo.
Não tenho brigas, nem mortes,
pendências, nem arruídos,
tudo é paz, tranqüilidade,
cortejo com regozijo:
Era dourada parece,
mas não é como eu a pinto,
porque debaixo deste ouro
tem as fezes escondido.
Que importa não dar aos corpos
golpes, catanadas, tiros,
e que só sirvam de ornato
espada, e cotós limpos?
Que importa, se não se enforquem
os ladrões e os assassinos,
os falsários, maldizentes,
e outros a este tonilho?[37]

---

37. *Tonilho:* (do esp. *tonillo*) o mesmo que tonadilha, toada; canção ligeira e rústica. Fig., a mesma cantoria.

Se debaixo desta paz,
deste amor falso, e fingido
há fezes tão venenosas,
que o ouro é chumbo mofino?
É o amor um mortal ódio,
sendo todo o incentivo
a cobiça do dinheiro,
ou a inveja dos ofícios.
Todos pecam no desejo
de querer ver seus patrícios
ou da pobreza arrastados,
ou do crédito abatidos.
E sem outra cousa mais
se dão a destro, e sinistro
pela honra, e pela fama
golpes cruéis, e infinitos.
Nem ao sagrado perdoam,
seja Rei, ou seja Bispo,
ou Sacerdote, ou Donzela
metida no seu retiro.
A todos enfim dão golpes
de enredos, e mexericos
tão cruéis, e tão nefandos,
que os despedaçam em cisco.
Pelas mãos nada; porque
não sabem obrar no quinto;
mas pelas línguas não há
leões mais enfurecidos.
E destes valentes fracos
nasce todo o meu martírio;
digam todos, os que me ouvem,
se falo a verdade, ou minto.

PRECEITO 6

Entremos pelos devotos
do nefando deus Cupido[38]
que também esta semente
não deixa lugar vazio.
Não posso dizer, quais são
por seu número infinito,
mas só digo, que são mais
do que as formigas, que crio.
Seja solteiro, seja casado,
é questão, é já sabido
não estar sem ter borracha[39]
seja do bom, seja do mau vinho.
Em chegando a embebedar-se
de sorte perde os sentidos,
que deixa a mulher em couros,[40]
e traz os filhos famintos:
Mas a sua concubina
há de andar como um palmito,
para cujo efeito empenham
as botas com seus atilhos.[41]
Elas por não se ocuparem
com costuras, nem com bilros,
antes de chegar aos doze

---

38. *Cupido:* deus do amor para os romanos, *Eros* entre os gregos. Em "nefando deus Cupido", GM fala da vulgarização do amor, de seu aspecto comercial, sugerindo (?) prostituição.

39. *Borracha:* (do esp. *borracha,* "odre para vinho"). Saco de couro bojudo, com bocal, para conter líquidos. No texto, ficar bêbado, embriagado.

40. *Deixa a mulher em couros:* deixar nu, (fig.) sem posses, na miséria.

41. *Atilho:* aquilo com que se ata ou amarra. Fio, cordel, cordão, corda etc. "Empenham as botas com seus atilhos", colocam em riscos todos seus bens, se desfazem dos laços da segurança material (fig.).

vendem o signo de Virgo.
Ouço dizer vulgarmente
(não sei, é certo este dito)
que fazem pouco reparo
em ser caro, ou baratinho.
O que sei é, que em magotes
de duas, três, quatro, cinco
as vejo todas as noites
sair de seus esconderijos,
E como há tal abundância
desta fruta no meu sítio,
para ver se há, quem as compre,
dão pelas ruas mil giros.
E é para sentir, o quanto
se dá Deus por ofendido
não só por este pecado,
mas pelos seus conjuntivos:
como são cantigas torpes,
bailes, e toques lascivos,
venturas, e fervedouros,
pau de fôrca, e pucarinhos.
Quero entregar ao silêncio
outros excessos malditos,[42]
como do Pai carumbá,[43]
Ambrósio e outros pretinhos.
Com os quais estas formosas
vão fazer infames brincos

---

42. *Outros excessos malditos:* para JMW o trecho refere-se à união entre a sexualidade e as festividades, comuns na Bahia do século XVII. SS as descreve como suas "danças licenciosas ao som de violas e tambores, e onde se mesclavam monges e índios, negros e mulheres, nobres e o próprio vice-rei". Ainda hoje, na Bahia, as festividades de caráter religioso possuem um pouco desse espírito profano. Dentro das igrejas, reza-se. Fora, bebe-se e dança-se, quadro comum nas festas de largo.

43. *Pai carumbá:* SS registra "pai Cazumbá".

governados por aqueles,
que as trazem num cabrestinho.

PRECEITO 7

Já pelo sétimo entrando
sem alterar o tonilho,[44]
digo, que quantos o tocam,
sempre o tiveram por crítico.
Eu sou, a que mais padeço
de seus efeitos malignos,
porque todos os meus desdouros
pelo sétimo têm vindo.
Não falo (como lá dizem)
ao ar, ou Libere dicto,[45a]
pois diz o mundo loquaz,
que encubro mil latrocínios.
Se é verdade, eu o não sei
pois acho implicância nisto,
porque o furtar tem dois verbos
um furor, outro surrípio[45b]
Eu não vejo cortar bôlsas,
nem sair pelos caminhos,
como fazem nas mais partes,
salvo alguns negros fugidos.
Vejo, que a fôrca, ou picota

---

44. *Tonilho*: ver nota 37.
45a. *Libere dicto:* (lat.) dito livremente, dito ao acaso, sem razão.
45b. *Um furor, outro surrípio*: segundo JMW "os verbos latinos furor e surripio significam, de modo geral, roubar ou furtar. Na verdade, a dualidade verbal parece indicar nuance jurídica do roubo e do furto; a apropriação ilegal e violenta de algo, e a apropriação furtiva, que passa despercebida da vítima. Essa oposição justifica a sequência do texto: na Bahia não há salteadores de estradas, assaltantes violentos; mas sim uma desonestidade tácita, permanentemente assimilada à própria vida pública de modo geral".

paga os altos do vazio,[46]
e que o carrasco não ganha
nem dous réis para cominhos.[47]
Vejo, que nos tribunais
há vigilantes Ministros,
e se houvera em mim tal gente,
andara à soga em contino.[48]
Porém se disto não há,
com que razão, ou motivo
dizem por aí, que sou
um covil de latrocínios!
Será por verem, que em mim
é venerado, e querido
Santo Unhate,[49] irmão de Caco,[50]
porque faz muitos prodígios.
Sem questão deve de ser,
porque este Unhate maldito
faz uns milagres, que eu mesma

---

46. *Paga os altos do vazio:* "carecer de miolos, ser tolo" (Moraes). JMW sugere, "na Bahia, onde é raro o roubo violento, os instrumentos de morte carecem de sentido, não servem para nada".

47. *Cominho:* gíria para dinheiro; "nem dous réis para cominhos", valor em dinheiro que não paga os gastos mais elementares. JMW sugere "o carrasco está desempregado, pois a ele não chegam ladrões".

48. *Andara à soga em contino*: estaria subjugado, dominado, reprimido. Se houvessem os ladrões que o poeta reclama, seriam punidos pelos "vigilantes Ministros".

49. *Santo Unhate:* santo criado por GM. O termo *unhate,* gíria da poesia gregoriana, designa os "maganos", portugueses degredados de seu país, que chegavam na colônia em condições de miséria e retornavam ricos. GM descreve que chegavam "descalços, rotos e despidos" e se punham em breve "com dinheiro e com navios". *Unhate:* deriva de unhar (roubar, furtar, surrupiar).

50. *Caco*: "Figura da mitologia grega, filho de Vulcano". Roubou quatro bois e quatro vacas de Hércules, enquanto este dormia, e escondeu-os numa caverna, ao invés de entrar nela. Episódio narrado no livro VII da Eneida. "Como *irmão* de Santo Unhate, entra na linguagem mitológica dos ladrões, ironicamente", segundo JMW.

não sei, como tenho tino.
Pode haver maior milagre
(ouça bem quem tem ouvidos)
do que chegar um Reinol
de Lisboa, ou lá do Minho:
Ou degredado por crimes
ou por Moço ao Pai fugido,
ou por não ter o que comer
no Lugar, onde é nascido:
E saltando no meu cais
descalço, roto, e despido,
sem trazer mais cabedal,
que piolhos, e assobios:
Apenas se ofrece[51] a Unhate
de guardar seu compromisso,
tomando com devoção
sua regra, e seu bentinho:
Quando umas casas aluga
de preço, e valor subido
e se põe em tempo breve
com dinheiro, e com navios?
Pode haver maior portento,
nem milagre encarecido,
como de ver um Mazombo[52]
destes cá do meu navio,
que sem ter eira, nem beira,
engenho, ou juro sabido
tem amiga, e joga largo
veste seda, põe polvilhos?
Donde lhe vem isto tudo?
Cai do Céu? Tal não afirmo:
ou Santo Unhate lho dá,

---

51. *Ofrece:* por oferece.

52. *Mazombo:* indivíduo nascido no Brasil, de pais estrangeiros, especialmente portugueses (deprec.).

ou do Calvário é prodígio.
Consultam agora os sábios,
que de mim fazem corrilhos,[53]
se estou ilesa da culpa,
que me dão sobre este artigo.
Mas não quero repetir
a dor e o pesar, que sinto
por dar mais um passo avante
para o oitavo suplício.

PRECEITO 8

As culpas, que me dão nele,
são, que em tudo o que digo,
me aparto do verdadeiro
com ânimo fementido.[54]
Muitos mais é, do que falo,
mas é grande barbarismo,
quererem que pague a albarda
o que comete o burrinho.[55]
Se por minha desventura
estou cheio de percitos,[56]
como querem, que haja em mim
fé, verdade, ou falar liso?
Se como atrás declarei,
se pusera cobro nisto,
a verdade aparecera

---

53. *Corrilhos:* (do esp. *corrillo*) ajuntamento, reunião, mexerico, intriga.
54. *Fementido:* enganoso, ilusivo, ilusório.
55. *Pague a albarda o que comete o burrinho:* segundo JMW, "culpar a carroça pelos defeitos do animal, atribuir culpa a quem não merece; no texto, longa prosopopeia em que a cidade da Bahia enumera o modo como se contrariam nela os dez mandamentos, a cidade se exime dos desmandos cometidos por seus habitantes".
56. *Percitos:* SS registra *precitos;* condenado, maldito.

cruzando os braços comigo.
Mas como dos tribunais
proveito nenhum se há visto,
a mentira está na terra,
a verdade foi fugindo
O certo é, que os mais dêles
têm por gala, e por capricho
não abrir a boca nunca
sem mentir de fito a fito.[57]
Deixar quero as pataratas,[58]
e tornando a meu caminho,
quem quiser mentir que o faça,
que não me toca a impedi-lo.

PRECEITO 9

Do nono não digo nada,
porque para mim é vidro,
e quem o quiser tocar,
vá com o olho sobreaviso.
Eu bem sei, que também trazem
o meu crédito perdido,
mas valha sem sê-lo *ex causa*[59]
ou lhos ponham seus maridos.
Confesso, que tenho culpas,
porém humilde confio,
mais que em riquezas do mundo,
da virtude num raminho.

---

57. *De fito a fito:* de ponta a ponta, a cada passo, a cada instante.

58. *Paratara:* ver nota 29.

59. *Ex causa*: (lat.) por algum motivo, por causa. Pode ser entendido como um recurso poético de GM, usando seus conhecimentos de Direito, já encontrado em outras de suas obras, pois a palavra tem também um significado jurídico; "diz-se das custas que são pagas pelo requerente, nos processos cíveis que não admitem defesa e nos de jurisdição meramente graciosa", segundo ABHF.

PRECEITO 10

Graças a Deus que cheguei
a coroar meus delitos
com o décimo preceito,
no qual tenho delinqüido.
Desejo, que todos amem,
seja pobre, ou seja rico,
e se contentem com a sorte,
que têm, e estão possuindo.
Quero finalmente, que
todos, quantos têm ouvido,
pelas obras, que fizerem,
vão para o Céu direitinhos.

Queixas da sua mesma verdade.

EPÍLOGO

1

Quer-me mal esta cidade ..... pela verdade,
Não há, que me fale, ou veja ..... de inveja,
E se alguém me mostra amor ..... é temor.
    De maneira, meu Senhor,
    que me hão de levar a palma[60]
    meus três inimigos d'alma
    Verdade, Inveja e Temor.

2

Oh quem soubera as mentiras ..... dos Milimbiras
Fora aqui senhor do bolo ..... como tolo,
E feito tolo, e velhaco ..... fora um caco.
    Meteria assim no saco
    Servindo, andando, e correndo

---

60. *Levar a palma:* distinguir-se, sobressair, sobrelevar-se.

as ligas,[61] que vão fazendo
Milimbiras, Tolo, e Caco.[62]

3

Tirara cinzas tiranas ..... das bananas,
Outro se os meus dez réis ..... de pastéis,
E porque isento não fosse ..... até do doce.
    Teria assim, com que almoce
    o meu amancebamento,
    pois lhe basta por sustento
    Banana, Pastéis, e Doce.

4

Prendas, que a empenhar obrigo ..... pelo amigo,
Dobrar-lhe eu o valor ..... é primor,
Cobrando em dous bodegões[63] ..... os tostões.
    E seus donos asneirões
    ao desfazer da moeda
    perdem da mesma assentada
    Amigo, Primor, Tostões.

5

Ao jimbo,[64] que se lhe conta ..... bota conta,
E já por amigo vejo ..... sem ter pejo,
Pois lhe tira de corrida ..... a medida.
    Mas verdadeira, ou mentida
    a conta ajustada vem,
    sendo um homem, que não tem,
    Conta, Pejo, nem Medida.

6

Dever-me-hão camaradas ..... mil passadas,[65]
E o triste do companheiro ..... o dinheiro,
E à conta das minhas brasas ..... as casas.

---

61. *Liga:* aliança, união, pacto.

62. *Caco:* ver nota 50.

63. *Bodegões:* plural de *bodegão,* o mesmo que bodegueiro, aquele que frequenta bodega.

64. *Jimbo:* ver nota 26.

65. *Mil passadas:* antiga medida de quatro palmas.

> Assim lhe empatara as vazas,[66]
> pois o mesmo, que eu devia,
> por força me deveria
> Passadas, Dinheiro, e Casas.

TORNA A DEFINIR O POETA OS MAUS MODOS DE OBRAR NA GOVERNANÇA DA BAHIA, PRINCIPALMENTE NAQUELA UNIVERSAL FOME, QUE PADECIA A CIDADE.

EPÍLOGOS

1

> Que falta nesta cidade? ..... Verdade
> Que mais por sua desonra ..... Honra
> Falta mais que se lhe ponha ...... Vergonha.
>   O demo a viver se exponha,
>   por mais que a fama exalta,
>   numa cidade onde falta
>   Verdade, Honra, Vergonha.

2

> Quem a pôs neste socrócio?[67] ..... Negócio
> Quem causa tal perdição? ..... Ambição
> E o maior desta loucura? ..... Usura.
>   Notável desventura
>   de um povo néscio, e sandeu,[68]
>   que não sabe, que o perdeu
>   Negócio, Ambição, Usura.

---

66. *Vazas:* conjunto de cartas jogadas pelos parceiros em cada lance ou vez, e que são recolhidas pelo ganhador.

67. *Socrócio:* segundo ASA, o termo foi criado pelo poeta para se obter a rima com *negócio,* talvez derivando de *socrestar (?),* furtar, rapinar. Na edição da Academia Brasileira de Letras está registrado *rocrócio,* i. é, retrocesso.

68. *Sandeu:* idiota, parvo, tolo, néscio, estúpido.

3

    Quais são seus doces objetos? ..... Pretos
    Tem outros bens mais maciços? ..... Mestiços
    Quais destes lhes são mais gratos? ..... Mulatos
        Dou ao demo os insensatos,
        dou ao demo a gente asnal
        que estima por cabedal
        Prêtos, Mestiços, Mulatos.

4

    Quem faz os círios mesquinhos? ..... Meirinhos
    Quem faz as farinhas tardas? ..... Guardas
    Quem as têm nos seus aposentos? ..... Sargentos
        Os círios lá vêm aos centos,
        e a terra fica esfaimando,
        porque os vão atravessando
        Meirinhos, Guardas, Sargentos.

5

    E que justiça a resguarda? ..... Bastarda
    É grátis distribuída? ..... Vendida
    Que tem, que a todos assusta? ..... Injusta
        Valha-nos Deus, o que custa,
        o que El-Rei nos dá de graça,
        que anda a justiça na praça
        Bastarda, Vendida, Injusta.

6

    Que vai pela clerezia? ..... Simonia
    E pelos membros da Igreja? ..... Inveja
    Cuidei, que mais se lhe punha? ..... Unha.[69]
        Sazonada caramunha![70]
        Enfim que na Santa Sé
        o que se pratica, é
        Simonia, Inveja, Unha.

---

69. *Unha:* ver nota 49, referente a Santo Unhate.

70. *Sazonada caramunha:* "lamentação feita com experiência", segundo ASA.

7

   E nos Frades há manqueiras? ..... Freiras
   Em que ocupam os serões? ..... Sermões
   Não se ocupam em disputas? ..... Putas.
       Com palavras dissolutas
       me concluís na verdade,
       que as lidas todas de um Frade
       São Freiras, Sermões, e Putas.

8

   O açúcar já se acabou? ..... Baixou
   E o dinheiro se extingüiu? ..... Subiu
   Logo já convalesceu? ..... Morreu.
       À Bahia aconteceu
       o que a um doente acontece,
       cai na cama, o mal lhe cresce,
       Baixou, Subiu, e Morreu.

9

   A Câmara não acode? ..... Não pode
   Pois não tem todo o poder? ..... Não quer
   É que o govêrno a convence ..... Não vence.
       Quem haverá que tal pense,
       que uma Câmara tão nobre
       por ver-se mísera, e pobre
       Não pode, não quer, não vence.[71]

---

71. *Não pode, não quer, não vence*: uma das leituras mais precisas deste poema é feita por AD. Segundo ele, "a importância deste poema não está apenas na manifesta crítica à sociedade. O comércio, a polícia, a justiça, a igreja e a admiração pública são algumas das instituições sociais visadas por Gregório neste e noutros poemas de igual forma. A noção de jogo, muito corrente no Barroco, revela-se na forma deste poema. Por meio de falsas perguntas, para as quais o poeta oferece respostas, Gregório vai decompondo o interior da organização social. Do geral, caminha para o particular; do abstrato – verdade, honra, vergonha – sai ele em busca do concreto, que se materializa na ação, no verbo: 'não pode, não quer, não vence'" (*Gregório de Matos* – Antônio Dimas, Abril – Educação, São Paulo, 1981, p. 15).

GENEALOGIA QUE O POETA FAZ DO GOVERNADOR ANTONIO LUIZ DESABAFANDO EM QUEIXAS DO MUITO QUE AGUARDAVA NA ESPERANÇA DE SER DELE FAVORECIDO NA MERCÊ ORDINÁRIA.

DÉCIMAS

1

Veio ao Espírito Santo
da Ilha da Madeira Alz,
um Escudeiro Gonçalves
mais pobretão, que outro tanto:
e topando a cada canto
as Tapuias[72] do lugar
havendo uma de tomar
para a bainha da espada,
tomou Vitória agradada,
que então lhe soube agradar.

2

A tal era uma Tapuia
grossa como uma jibóia,
que roncava de tipóia,[73]
e manducava de cuia:[74]
tocando ela a Aleluia,
tirava êle a culumbrina
com tal estrago, e ruína,
que chegando a conjunção
lhe encaixou a opilação
por entre as vias da urina.

---

72. *Tapuias:* designação antiga dada aos indígenas brasileiros, já amansados pelos brancos (do tupi *ta'pii*).

73. *Tipoia*: rede pequena, velha.

74. *Manducava de cuia: manducar* (do latim *manducare*), comer, mastigar. GM com esta descrição enfatiza as origens selvagens e indígenas da tapuia, que dorme em rede (e não em cama), que come em cuia (e não em prato).

3

Pariu a seu tempo um cuco
um monstro (digo) inumano,
que no bico era tucano
e no sangue mamaluco:[75]
mas não tendo bazaruco,[76]
com que faça o batizado
lhe assistiu sem ser rogado
um troço de fidalguia
pedestre cavalaria
tôda de beiço furado.

4

O cura, que não curou
de buscar no Calendário
nome de Santo ordinário
por Antônio o batizou:
tanto o colomim[77]
mamou e tais fôrças tomou, que
antes de se pôr em pé,
e antes de estar já de vez,
não falava o português,
mas dizia o seu cobé.[78]

5

Cansado de ver a Avoa
co'as cuias à dependura
tratou de buscar ventura
e embarcou numa canoa:

---

75. *Mamaluco:* o mesmo que *mameluco,* filho de índio com branco (do tupi *mamã*, "misturar", e *ruca*, "tirar").

76. *Bazaruco:* antiga moeda da Índia portuguesa (por dinheiro).

77. *Colomim:* variação de *curumi* (do tupi *kuru'mi),* menino.

78. *Cobé:* para JMW, essa era a palavra que o poeta "empregava para designar os descendentes dos indígenas, pois no seu tempo o termo *tupi* não estava generalizado".

vindo a aportar em Lisboa,
presumiu de fidalguia,
cuidou, que era outra Bahia,
onde basta a presunção
para fazer-se a um cristão
muchíssima cortesia.

6

Casou com uma rascoa[79]
que por êle ardia em chamas,
e era criada das Damas
da Rainha de Lisboa:
era uma grande pessoa,
porque tinha um cartapácio,[80]
onde estudava de espácio[81]
todo o primor cortesão,
que até um sujo esfregão
cheira a primor em Palácio.

7

Nasceu deste matrimônio
um Anjo, digo, um Marmanjo,
que era no simples um Anjo,
e no maligno um demônio:
deram-lhe por nome Antônio;
oh se o Santo tal cuidara!
creio eu, que se irritara
o grande Português tanto,
que deixara de ser Santo,
e o nome não lhe sujara.

8

Eis pois por exaltar-se
veio reger a Bahia:
que bom govêrno faria,
quem não sabe governar-se!

---

79. *Rascoa*: meretriz (ABHF registra também aia).
80. *Cartapácio:* livro grande e antigo, calhamaço.
81. *Espácio:* espaço; aqui no sentido vagar, demora, delonga.

se êle quisera enforcar-se
pelos que enforcar fazia,
que bom dia nos daria!
mas êle tão mal se salva,
que quando dava a mão alva
então tomava o bom dia.

9

O Ministro há de ser são,
justo, e não desobrigado,
há de ter ódio ao pecado,
e ao pecador compaixão:
que se tem má propensão,
faz justiça, mas com vício,
e se maior malefício
tem, e pode condenar-me,
livre-me Deus de julgar-me
oficial do meu ofício.

10

Que, porque furto, o que coma
me enforquem, pode passar,
mas que me mande enforcar
a bengala de um Sodoma![82]
quem sofrerá, que Mafoma[83]
me queime por mau cristão,
vendo, que Mafoma é cão,
velhaco, e de suja alparca,
e o mais torpe heresiarca,[84]
que houve entre os filhos de Adão.

---

82. *Sodoma:* antiga cidade da Ásia, que junto com Gomorra foi destruída pela ira divina, pela devassidão de seus habitantes, segundo narra a Bíblia. No texto, com sentido de homossexual, como ocorre em outros poemas de GM.

83. *Mafoma:* designação de Maomé. Aquele que segue esta religião. Os maometanos invadiram a Península Ibérica, foram inimigos históricos de portugueses e espanhóis.

84. *Heresiarca:* (do grego *hairesiárches*, pelo lat. *haeresiarcha*) fundador de uma seita herética.

11
Quem na terra sofreria,
que o fedor de um ataúde
com bioco de virtude
disfarçasse a Sodomia?
e de feito em cada dia
desse ao povo um enforcado,
e que de puro malvado
desse esse dia um banquete,
e alegrasse o seu bofete
com bom vinho, e bom bocado?

12
O bem, que os mais bens encerra,
e as glórias todas contém,
é reinar, quem reina bem,
pois figura a Deus na terra:
eu cuido, que o mundo erra
nesta alta reputação,
que se o Rei erra uma ação,
paga a seu alto atributo
um tristíssimo tributo,
e misérrima pensão.

13
O Príncipe soberano
bom cristão temente a Deus.
se o não socorrem os céus,
pensões paga ao ser humano:
está sujeito ao tirano,
que adulando ambicioso
é áspide[85] venenoso,
que achacando-lhe os sentidos

---

85. *Áspide:* réptil, animal escamado, ofídio, da família dos viperídeos.

turbado[86] o deixa de ouvidos,
de olhos o deixa ludoso.[87]

14

Se fosse El-Rei informado,
de quem o Tucano era,
nunca a Bahia viera
governar um povo honrado:
mas foi El-Rei enganado,
e eu como povo o paguei,
que é já costume, e já lei
dos reinos sem intervalo,
que pague o triste vassalo
os desacertos de um Rei.

15

Pagamos, que um figurilha[88]
corcova[89] de canastrão[90]
com nariz de rebecão
em cara de bandurilha,[91]
descompusesse a quadrilha
dos homens mais bem nascidos,
e que dos mal procedidos
tal estimação fizesse
que honras, e postos lhe desse
por lhe encherem os ouvidos.[92]

---

86. *Turbado:* de turbar (do lat. *turbare*). Ficar turvo. No texto como sentido de alterado, perturbado, transtornado.

87. *Ludoso:* de *ludo,* jogo, divertimento, brinquedo. No texto, com o sentido de alegre, divertido, contente.

88. *Figurilha:* (do esp. *figurilla*) pessoa de pequena estatura.

89. *Corcova:* corcunda.

90. *Canastrão:* cesta larga e pouco alta, tecida de madeira flexível (aum. de canastra).

91. *Bandurilha:* vadio, meliante, malandro.

92. *Por lhe encherem os ouvidos:* a queixa-denúncia do poeta: o governador favorece aos aduladores ("puxa-sacos"), em detrimento dos verdadeiros "homens mais bem nascidos".

16
   Pagamos ver essa Hiena,
   que com a voz nos engana,
   pois fala como putana,
   e como fera condena:
   que uma terra tão amena,
   tão fértil, e tão fecunda
   a tornasse tão imunda
   falta de saúde, e pão;
   mas foi fôrça, que tal mão
   peste, e fome nos infunda.
17
   Pagamos que um homem bronco
   racional como um calhau,
   mamaluco[93] em quarto grau,
   e maligno desde o tronco:
   apenas se dá um ronco,
   em briga apenas se fala,
   quando os sargentos a escala
   prendem com descortesia
   aos honrados na enxovia[94]
   todo o patifão na sala.
18
   Pagamos, que um Sodomita,[95]
   porque o seu vício dissesse,
   todo o homem aborrecesse,
   que com mulheres coabita:
   e porque ninguém lhe quita
   ser um vigário geral
   com pretexto paternal,
   aos filhos, e aos criados

---

93. *Mamaluco:* ver nota 75.
94. *Enxovia:* cárcere escuro, úmido, sujo (térreo ou subterrâneo).
95. *Sodomita:* homossexual (relativo a Sodoma. Ver nota 82).

tenha sempre aferrolhados
para o pecado mortal.
19

Pagamos, que o tal jumento
isento de mãos guadunhas
não furtasse pelas unhas,[96]
senão por consentimento:
e que os quatro vêzes cento,
que se vieram trazer
ao seu capitão mulher,
porque o pão suba mais dez,
não foi furto, que êle fêz,
mas deu jeito a se fazer.
20

Pagamos ver o Prelado,
que se peca, é de prudente,
dos serventes de um agente
descortêsmente ultrajado:
o sobrinho amortalhado
com tão fidalgos brasões
pela Puta dos calções,
que fiado em ver valido
fêz do sangue esclarecido
tão lastimosos borrões.
21

Pagamos com dor interna,
que nos passos da Paixão
tão devoto e da prisão,
que quer levar a lenterna:[97]
se entende, que a glória é eterna

---

96. *Não furtasse pelas unhas / senão por consentimento:* unha aparece novamente com o sentido de roubalheira. O poeta registra que o governante se apropria do que não é seu, protegido pelo cargo que exerce pelas leis que manda executar e, através de impostos e outros expedientes autorizados por lei, retira uma parte para si.

97. *Lenterna:* por lanterna.

prendendo há de merecer,
fora melhor entender,
que o céu lhe dá mais ganhado,
não dormir-se co criado,
que desvelar-se em prender.

22

Pagamos vê-lo esperar,
e estar com expectativas
de ser Conde das Maldivas
por serviços de enforcar:
e como mandou tirar
um rol de quatro maraus,[98]
que enforcou por vaganaus,[99]
cuidei (assim Deus me valha)
que entre os Condes da baralha[100]
fosse ele o Conde de paus.[101]

23

Porém sua Majestade,
Qual Príncipe Soberano,
que não se indigna de humano
sem dano da dignidade:
conhecida esta verdade,
que é verdade conhecida,
fará justiça cumprida
para que se lhe agradeça,
que o mau na própria cabeça
traga a justiça aprendida.

---

98. *Maraus:* (do franc. *maraud*) malandro, patife.

99. *Vaganaus:* (port. ant.) vadio, desocupado, maganão, mariola.

100. *Baralha:* intriga, enredo, mexerico.

101. *Fosse ele o Conde de paus:* GM utiliza o jogo de baralho metaforicamente, onde a figura do Conde de paus corresponde ao Valete. As cartas de maior valor, no entanto, são Rei, Rainha e a Dama. O que indica a desimportância do título do retratado – Conde de paus – na hierarquia desta nobreza que aspira. Como o retratado é também apresentado como homossexual, "conde de paus" sugere também um sentido chulo.

24
E porque nós de antemão
a seus favores mostremos,
quanto lhos agradecemos,
lhe agradecemos D. João:
era justo, era razão,
conforme o direito e lei,
quando o Rei dá Juiz a Grei,[102]
outro em seu lugar dispor,
que seja o Governador
tão fidalgo como El-Rei.

CONTINUA O POETA SATIRIZANDO COM SEU CRIADO LUIS FERREIRA DE NORONHA.

SONÊTO

Estas as novas são de Antonio Lui =
No que passa sobre um gato de algá =,
Que algália[103] tira com colher de Itá =
que coze e corcoja em fonte Rabi =.

Se lhe escalda ou não a serventi =
Isto tem provado o mesmo ga =
Porque passando os rios de cuá =
O caso tocou logo a Inquisi =

Há cousa mais tremenda e mais atró =
Que em terra, onde há tanta fartu =,
E haja que por um cu enjeite um có = ?[104]

E que por mau gosto seja um pu = ?

---

102. *Grei:* nação, povo (português antigo).
103. *Algália:* odor muito ativo.
104. *Có*: (ant.) gír., vagina (órgão sexual feminino).

Em me benzo, e arrenego do demô =
E do pecado, que é contra a natu =

AOS MESMOS AMO, E CRIADO.

SONÊTO

Que aguarde Luis Ferreira de Norô =
Tão grandes pespegar pelos besbê = !
Para o Puto, que aguarda tal pespê =,
E faz servir seu cu de cocó =.

Subverteu-se a cidade de Sodô =
Pelo muito, que andou de caranguê =:
A Palácio, também creio, sucé =
O mesmo, que à cidade de Gomô =.

Que desse em pescador Antônio Luí = ?
Nefando gosto tem o seu cará =,
Em não querer topar ponta de cri =.

Pois tanto se namora do pescá =,
A cuama se vá pescar lombri =,
E em castigo de Deus morra queimá =.

REPETE A MESMA SÁTIRA.

SONÊTO

Quem aguarda a luxúria do Tucano[105]
Também pode esperar a do Lagarto[106]

---

105. *Tucano:* apelido dado por GM a Antonio Luiz da Câmara Coutinho, governador-geral da Bahia.
106. *Lagarto*: apelido dado por GM a Luiz Ferreira de Noronha, capitão da guarda de Câmara Coutinho.

Se caso conceber, verá no parto
A sustância que leva do tutano.

Êstes, que se debreiam mano a mano,
Disciplinar-se-ão de quarto em quarto,
E o que de mais sustância estiver farto,
A via busque, que o negócio é cano.

Conheça a Inquisição estas verdades,
E como é certo, o que o sonêto diz,
Paguem-se em vivo fogo estas maldades.

Ardendo morram já como Solis,
E como arderam já duas cidades,[107]
Ardam Luis Ferreira, e Antônio Luís.

PROSSEGUE O MESMO ASSUNTO.

DÉCIMAS

1

No *beco do cagalhão,*
no de *espera-me rapaz*
no de *cata que farás*
e em *quebra-cus o acharam,*
que tirando ao *come-em-vão*
que era esperador de cus,
lhe arrebentou o arcabuz
no *beco de lava-rabos,*
onde lhe cantam diabos
três ofícios de catruz.

---

107. *Como arderam já duas cidades:* alusão a Sodoma e Gomorra (ver nota 82). Assim como estas cidades foram destruídas pela ira divina, como relata a Bíblia, o poeta pede que seus retratados sejam punidos pela Inquisição, a quem cabia julgar crimes dessa natureza.

2

   Tomem pois exemplo aqui
o Tucano e o Ferreira,[108]
pois lhes diz esta caveira,
aprendes, flores, de mi:
mais aqui, ou mais ali
sempre os demônios são artos
sempre bichos, e lagartos,
e dar-lhe-ão sobre beijus,
a comer sempre cuscuz,
a ver se dão por fartos.

DIZ MAIS COM O MESMO DESENFADO.

   Sal, cal, e alho
caiam no teu maldito caralho. Amém.
O fôgo de Sodoma e de Gomorra
em cinza te reduzam essa porra. Amém.
Tudo em fogo arda,
Tu, e teus filhos, e o Capitão da Guarda.

DEDICATÓRIA ESTRAVAGANTE QUE O POETA FAZ DESTAS OBRAS AO MESMO GOVERNADOR SATIRIZADO.

ROMANCE

   Desta vez acabo a obra,
porque é este o quarto tomo
das ações de um Sodomita,[109]
dos progressos de um fanchono.[110]
Esta é a dedicatória,

---

108. *Tucano e o Ferreira:* ver notas 105 e 106.
109. *Sodomita:* ver nota 82.
110. *Fanchono:* homossexual ativo.

e bem que preverto[111] o modo,
a ordem preposterando,
dos prólogos, os prológios.
Não vai essa na dianteira,
antes no traseiro a ponho,
por ser traseiro o Senhor,
a quem dedico os meus tomos.
A vós, meu Antônio Luiz,
a vós, meu Nausau ausônio,[112]
assinalado do naso
pela natureza do rosto:
A vós, merda de fidalgos,
a vós, escória dos Godos,
Filho do Espírito Santo,
E Bisneto de um caboclo:
A vós, fanchono beato,
Sodomita com bioco,[113]
e finíssimo rabi
sem nasceres cristão-novo:
A vós, cabra dos colchões,
que estoqueando-lhe os lombos,
sois fisgador de lombrigas
nas alagoas do olho:
A vós, vaca sempiterna
cozida, assada, e de môlho,
Boi sempre, Galinha nunca
in secula seculorum[114]
A vós, ó perfumador
de vosso pajem cheiroso,

---

111. *Preverto*: por perverto.

112. *Ausônio*: relativo a ousadia.

113. *Sodomita com bioco:* homossexual disfarçado; que não assume sua condição sexual.

114. *In secula seculorum*: (lat.) por todos os séculos, para sempre.

para vós algália[115] sempre,
para vós sempre mondongo:[116]
A vós, ó enforcador,
e por testemunhas tomo
os Irmãos da Santa Casa,
que lhes carregam os ossos:
Pois no dia dos Finados
quando desenterraram os mortos
também murmuram de vós
pela grã carga dos ombros:
A vós, ilustre Tucano,[117]
mal direito, e bem giboso,
pernas de rolo de pau,
antes de o levar ao torno:
A vós: basta de tanto vós,
porque este insensato Povo
vendo, que por vós vos trato,
cuidará, que sois meu moço:
A vós dedico, e consagro
os meus volumes e, tomos,
defendei-os, se quiseres
e se não, vai nisso pouco.

Aos capitulares do seu tempo.

DÉCIMA

A nossa Sé da Bahia,
com ser um mapa de festas,
É um presépio de bêstas,
se não for estrebaria:

---

115. *Algália*: ver nota 103.
116. *Mondongo:* tripa de porco, cujo odor é muito forte. Indivíduo sujo e desmazelado.
117. *Tucano:* ver nota 105.

várias bêstas cada dia
vemos, que o sino congrega,
Caveira[118] mula galega,
o Deão[119] burrinha parda,
Pereira besta de albarda,[120]
tudo para a Sé se agrega.

AOS MISSIONÁRIOS,[121] A QUEM O ARCEBISPO D. FR. JOÃO DA MADRE DE DEUS RECOMENDAVA MUITO AS VIAS SACRAS, QUE ENCHENDO A CIDADE DE CRUZES, CHAMAVAM DO PÚLPITO AS PESSOAS POR SEUS NOMES, REPREENDENDO A QUEM FALTAVA.

SONÊTO

Via de perfeição é a sacra via,
Via do Céu, caminho da verdade:
Mas ir ao Céu com tal publicidade,
Mais que à virtude, o boto à hipocrisia.

O ódio é d'alma infame companhia,
A paz deixou-a Deus à cristandade:
Mas arrastar por força, uma vontade,
Em vez de perfeição é tirania.

---

118. *Caveira:* apelido dado por GM a um religioso baiano, o deão André Gomes.

119. *Deão:* dignatário eclesiástico.

120. *Albarda*: sela grosseira, enchumaçada de palha, para as bestas de carga.

121. *Aos missionários:* na edição da Academia Brasileira de Letras o título deste soneto é "À Perfeição do Santo Exercício da Via Sacra. Feito Com Boa Devoção". Para já o texto não tem a intenção piedosa a que lhe atribui a edição da Academia, segundo observa JMW.

O dar pregões do púlpito é indecência,
Que de fulano? venha aqui sicrano:
Porque o pecado, o pecador se veja:[122]

É próprio de um Porteiro d'audiência,
E se nisto maldigo, ou mal em engano,
Eu me submeto à Santa Madre Igreja.

AO CURA DA SÉ QUE ERA NAQUELE TEMPO, INTRODUZIDO ALI POR DINHEIRO, E COM PRESUNÇÕES DE NAMORADO SATIRIZA O POETA COMO CRIATURA DO PRELADO.

DÉCIMAS

1

O cura, a quem toca a cura
de curar esta cidade,
cheia a tem de enfermidades
tão mortal, que não tem cura:
dizem, que a si só se cura
de uma natural sezão,[123]
que lhe dá na ocasião
de ver as Moças no eirado,
com que o Cura é o curado,
e as Moças seu cura são.

2

Desta meizinha[124] se argúi,
que ao tal Cura assezoado
mais lhe rende o ser curado,

---

122. *Porque o pecado, o pecador se veja:* A edição da ABL e JMW registram "porque pecado e pecador se veja".

123. *Sezão:* febre intermitente ou periódica. O termo também tem o sentido de *sazão*: ocasião própria, oportunidade (fig.).

124. *Meizinha:* remédio (pop.).

que o Curado, que possui,
grande virtude lhe influi
o curado exterior:
mas o vício interior
Amor curá-lo procura,
porque Amor todo loucura,
se a cura é de louco amor.

3

Disto cura o nosso Cura,
porque é curador maldito,
mas ao mal de ser cabrito
nunca pode dar-lhe cura:
É verdade, que a tonsura[125]
meteu o Cabra na Sé,
e quando vai dizer "Te
Deum laudamus"[126] aos doentes,
se lhe resvala entre dentes
e em lugar de *Te* diz *me*.[127]

4

Como ser douto cobiça,
a qualquer Moça de jeito
onde pôs o seu direito,
logo acha, que tem justiça:
a dar-lhe favor se atiça,
e para o fazer com arte,
não só favorece a parte,
mas toda a prosápia má,
se justiça lhe não dá,
lhe dá direito, que farte.

---

125. *Tonsura:* corte circular na parte alta do cabelo, que se faz nos clérigos.

126. *Te Deum laudamus:* (lat., expressão litúrgica) Deus te louve.

127. *E em lugar de Te diz me:* GM registra a ignorância do prelado, que diz *me* em lugar de *Te* e também o caráter aproveitador do retrato, que, na troca do latim, roga nas orações, aos doentes, favorecimentos para si.

5

  Porque o demo lhe procura
  tecer laços, e urdir teias,
  não cura de almas alheias,
  e só do seu corpo cura:
  debaixo da capa escura
  de um beato capuchino
  é beato tão maligno
  o cura, que por seu mal
  com calva sacerdotal[128]
  é sacerdote calvino.[129]

6

  Em um tempo é tão velhaco,
  tão dissimulado, e tanto,
  que só por parecer santo
  canoniza um santo um caco:[130]
  se conforme o adágio fraco
  ninguém pode dar, senão
  aquilo, que tem na mão,
  claro está que no seu tanto
  não faria um ladrão santo,
  senão um Santo Ladrão.

7

  Estou em crer, que hoje em dia
  já os cânones sagrados
  não reputam por pecados
  pecados de simonia:
  os que vêem tanta ousadia,
  com que comprados estão

---

128. *Calva sacerdotal:* parte sem cabelo da cabeça de um religioso; tonsura.
129. *Sacerdote calvino:* clérigo seguidor de Calvino (1509-1564), teólogo da Reforma protestante, propagandista desta doutrina na França e Suíça.
130. *Caco:* ver nota 50.

os curados mão por mão,
devem crer, como já creiam
que ou os cânones morreram,
ou então a Santa unção.

CELEBRA O POETA (ESTANDO HOMIZIADO NO CARMO) A BURLA QUE FIZERAM OS RELIGIOSOS COM UMA PATENTE FALSA DE PRIOR A FREI MIGUEL NOVELLOS, APELIDADO O LATINO POR DIVERTIMENTO EM UM DIA DE MUITA CHUVA.

DÉCIMAS

1

Victor,[131] meu Padre Latino,
que só vós sabeis latim,
que agora se soube enfim,
para um breve[132] tão divino:
era num dia mofino
de chuva, que as cana rega,
eis a patente aqui chega,
e eu por milagre os suspeito
na Igreja Latina feito,
para se pregar na grega.

2

Os sinos se repicaram
de seu moto natural,
porque o Padre Provincial,
e outros Padres lhe ordenaram:
os mais Frades se abalaram

---

131. *Victor:* (do lat.) vencedor.

132. *Breve:* "escrito papalino que contém uma decisão particular", segundo o dicionário de ABHF.

a lhe dar obediência,
e eu em tanta complacência,
por não faltar ao primor,
dizia a um Victor Prior,
Victor, vossa Reverência.

3

Estava aqui retraído
o Doutor Gregório, e vendo
um breve tão reverendo
ficou co queixo caído:
mas tornando em seu sentido
de galhofa perenal,
que não vi patente igual,
disse: e é cousa patente,
que se a patente não mente,
é obra de pedra, e cal.

4

Victor, Victor se dizia,
e em prazer tão repentino,
sendo os vivas ao latino
soavam a ingrezia:[133]
era tanta a fradaria,
que nesta casa Carmela
não cabia refestela,[134]
mas recolheram-se enfim
cada qual ao seu selim,
e eu fiquei na minha cela.

---

133. *Ingrezia:* (por ingresia) barulho, berreiro, balbúrdia.
134. *Refestela:* estirar-se comodamente; recostar-se.

A OUTRO VIGÁRIO DE CERTA FREGUESIA, CONTRA QUEM SE AMOTINAVAM OS FREGUESES POR SER MUITO AMBICIOSO.

SILVA

Reverendo vigário,
Que é titulo de zotes[135] ordinário,
Como sendo tão bôbo.
E tendo larguíssimas orelhas,
Fogem vossas ovelhas
De vós, como se fosseis voraz lôbo.

O certo é, que sois Pastor danado,
E temo, que se a golpe vem de fouce,[136]
Vos há de cada ovelha dar um couce:
Sirva de exemplo a vosso desalinho,
O que ovelhas têm feito ao Padre Anjinho,
Que por sua tontice, e sua asnia
o tem já embolsado na enxovia;
Porém a vós, que sois fidalgo asneiro,
Temo, que hão de fazer-vos camareiro.

Quisestes tosquear o vosso gado,
E saístes do intento tosqueado;
Não vos cai em capelo,[137]
O que o provérbio tantas vêzes canta.
Que quem ousadamente se adianta.
Em vez de tosquear fica sem pêlo?
Intestastes sangrar toda a comarca,

---

135. *Zotes:* (do cast. *zote*) idiota, pateta.

136. *Fouce:* por foice.

137. *Capelo:* capuz de frade. *Cair em capelo,* segundo JMW, tem o significado de "tomar por repreensão".

Mas ela vos sangrou na veia d'arca,[138]
Pois ficando faminto, e sem sustento,
Heis de buscar a gente qual jumento
Erva para o jantar, e para a ceia,
E se talvez o campo a escasseia,
Mirrado heis de acabar no campo lhano,
Fazendo quarentena todo o ano:
Mas então poderá vossa porfia
Declarar aos Fregueses cada dia.

Sois tão grande velhaco,
Que a pura excomunhão meteis no saco:
Já diz a freguesia,
Que tendes de Saturno[139] a natureza,
Pois os filhos tratais com tal crueza,
Que os comeis, e roubais, qual uma harpia;
Valha-vos; mas quem digo, que vos valha?
Valha-vos ser um zote, e um canalha:
Mixelo hoje de chispo,[140]
Ontem um passa-aqui do Arcebispo.
Mas oh se Deus a todos nos livrara
De Marão com poder, vilão com vara!
Fábula dos rapazes, e bandarras,
conto do lar, cantiga das guitarras.
Enquanto vos não parte algum corisco,

---

138. *Sangrou na veia d'arca: sangrou* – extorquir bens, dinheiro, valores. *Arca* – tesouro de uma sociedade ou uma instituição. Segundo JMW, "veia d'arca" significa "o lugar do dinheiro".

139. *Saturno:* (divindade da mitologia grega) "Filho de Urano e de Gaea, o Céu e a Terra, esposo de Cibele e pai de Júpiter, de Netuno, de Plutão e de Juno. Uma promessa feita a Titã obrigava-o a devorar os filhos assim que nasciam", registra a enciclopédia Lello Universal.

140. *Mixelo hoje de chispo: mixelo,* de michê (do franc. *miché),* meretriz. *Chispo* significa "sapato alto e bicudo" (em desuso), segundo o dicionário de CF.

Que talvez vos despreza como cisco,
E fugindo a vileza desse couro,
Vos vai poupando a cortadora espada,
Azagaia[141] amolada,
A veloz seta, o rápido pelouro:
Dizei a um confessor dos aprovados,
Vossos torpes pecados,
Que se bem o fazeis, como é preciso,
Fareis um dia cousa de juízo:
E uma vez confessado,
Como vos tenha Deus já perdoado,
Todos vos perdoaremos
Os escândalos mil, que de vós temos,
E comendo o suor de vosso rosto[142]
Dareis a Deus prazer, aos homens gôsto.

AO MESMO CLÉRIGO APELIDANDO DE ASNO AO POETA.

SONÊTO

Padre Frisão, se vossa Reverência
Tem licença do seu vocabulário
Para me pôr um nome incerto, e vário,
Pode fazê-lo em sua consciência:
Mas se não tem licença, em penitência
De ser tão atrevido, e temerário
Lhe quero dar com todo o Calendário,
Mais que a testa lhe rompa, e a paciência.

---

141. *Azagaia:* lança curta de arremesso.
142. *Comendo o suor de vosso rosto:* "Sustentando-se com o próprio trabalho", segundo JMW.

Magano, infame, vil alcoviteiro,
Das fodas corretor por dous tostões,
E enfim dos arreitaços alveitar:[143]

Tudo isto é notório ao mundo inteiro,
Se não sêres tu obra dos culhões
De Duarte Garcia de Bivar.

A OUTRO CLÉRIGO AMIGO DO FRISÃO, QUE SE DIZIA ESTAR AMANCEBADO DE PORTAS ADENTRO COM DUAS MULHERES, COM UMA NEGRA, E UMA MULATA.

DÉCIMAS

1

A vós, Padre Baltasar,
vão os meus versos direitos,
porque são vossos defeitos
mais que as areias do mar:
e bem que estais num lugar
tão remoto, e tão profundo
com concubinato imundo,
como sois Padre Miranda,
o vosso podre tresanda
pelas conteiras do mundo.

2

Cá temos averiguado,
que os vossos concubinatos
são como um par de sapatos
um negro, outro apolvilhado:

---

143. *Arreitaços alveitar: arreitaço* deriva de *arreitar,* sentir desejos (sexuais) provocados por doenças venéreas; *alveitar* (do grego *Hippiatrós* "médico de cavalo", pelo árabe al-Baitãr): curandeiro de doenças de animais.

de uma, e outra côr de calçado
sais pela porta fora,
hora negra, e parda hora,
que um zote[144] camaleão
tôda a côr toma, senão
que a da vergonha o não cora.

3

Vossa luxúria indiscreta
é tão pesada, e violenta,
que em dous putões se sustenta
uma Mulata, e uma Preta:
cuma puta se aquieta
o membro mais desonesto,
porém o vosso indigesto,
há mister na ocasião
a negra para o trovão,
e a parda para o cabresto.

4

Sem uma, e outra cadela
não se embarca o Polifemo,[145]
porque a negra o leva a remo,
e a mulata o leva a vela:
êle vai por sentinela,
porque elas não dêem a bomba;
porém como qualquer zomba
do Padre, que maravilha,
que elas disponham da quilha,
e ele ao feder faça tromba.

---

144. *Zote:* ver nota 135.

145. *Polifemo:* o mais célebre dos ciclopes, filho de Netuno. Figura mitológica, teve vazado por Ulisses o único olho que possuía. É sinônimo de amante furioso e ciumento.

5

Elas sem mágoa, nem dor
lhe põem os cornos em pinha,
porque a puta, e a galinha,
têm ofício de pôr:
ovos a franga pior,
cornos a puta mais casta,
e quando a negra se agasta,
e com Padre se disputa,
lhe diz, que antes quer ser puta,
que fazer com ele casta.

6

A negrinha se pespega
c'um amigão de corona,
que sempre o Frisão se entona,
que ao maior amigo apega:
a mulatinha se esfrega
c'um mestiço requeimado
destes do pernil tostado,
que a cunha do mesmo pau
em obras de bacalhau
fecha como cadeado.

7

Com tôda esta cornualha
diz ele cego de amor,
que as negras tudo é primor,
e as brancas tudo canalha:
isto faz a erva, e palha,
de que o burro se sustenta,
que um destes não se contenta
salvo se lhe dão por capa
para a rua uma gualdrapa,[146]
para a cama uma jumenta.

---

146. *Gualdrapa:* o mesmo que *xairel;* cobertura de besta, feita de tecido ou de couro, sobre a qual se põe a sela ou a albarda.

8
>Há bulhas muito renhidas em
>havendo algum ciúme,
>porque ele sempre presume
>de as ver sempre presumidas:
>mas elas de mui queridas
>vendo, que o Padre de bôrra
>em fogo de amor se torra,
>andam por negar-lhe a graça
>elas com êle de massa,
>se ele com elas à porra.

9
>Veio uma noite de fora,
>e achando sem seu vitupério
>a mulata em adultério
>tocou alarma por fora:
>e por que pegou com mora
>no raio do chumbo ardente,
>foi-se o cão seguramente:
>que como estava o coitado
>tão leve, e descarregado
>se pôde ir livremente.

10
>Porque é grande demandão,
>o senhor zote[147] Miranda,
>que tudo, o que vê demanda,
>seja de quem for o chão:
>por isso o Padre cabrão
>de contino[148] está a jurar
>que os cães lhe hão de pagar,
>e que as fodas, que tem dado,
>Lhas hão de dar de contado,
>e êle as há de recadar.

---

147. *Zote:* ver nota 135.
148. *De contino:* ver nota 23.

Ao célebre Fr. Joanico compreendido em Lisboa em crimes de sodomita.

SONÊTO

Furão das tripas, sanguessuga humana,
cuja condição grave, meiga, e pia,
sendo cristel dos Santos algum dia,
hoje urinol dos presos vive ufana.

Fero algoz já descortês profana
Sua imagem do nicho da enxovia,
que esse amargoroso traje em profecia
com a lombriga racional se dana.

Ah, Joanico fatal, em que horóscopos,
Ou porque à costa, ou porque à vante deste,
Da camandola Irmão quebraste os copos.
Enfim Papagaio humano te perdeste,
Ou porque enfim darias nos cachopos,[149]
Ou porque em culis mundi[150] te meteste.

Ao sobre dito religioso desdenhando crítico de haver Gonçalo Ravasco e Albuquerque na presença de sua freira vomitado umas náuseas, que logo cobriu com o chapéu.

DÉCIMAS

1

Quem vos mete, Fr. Tomás,
em julgar as mãos de amor,

---

149. *Cachopos:* rapazes.
150. *Culis mundi:* cu do mundo.

falando de um amador
que pode dar-vos seis e ás?
Sendo vós disso incapaz,
quem vos mete, Fr. Franquia,
julgar, se foi polícia
o vômito, que arrotastes,
se quando vós o julgastes,
vomitastes uma asnia:

2

Sabeis, por que vomitou
aquele amante em jejum?
lembrou-lhe o vosso budum,
e a lembrança o enjoou;
e porque considerou,
que o tal budum vomitado
era um fedor refinado,
por não ver poluto um céu,
o cobriu com seu chapéu,
e em cobri-lo o fêz honrado.

3

Vós sois um pantufo em zancos,
mais ôco do que um tonel,
e se estudais no burel,
entendereis de tamancos:
que as ações dos homens brancos,
tão brancos como Fuão,
não as julga um maganão
criado em um oratório
julgador de refectório,[151]
que dá ao nosso Guardião.

4

O que sabeis, Frei Garrafa,
é a traça, e a maneira,

---

151. *Refectório:* por refeitório.

com que estafais uma Freira,
dizendo, que vos estafa:
vós saís com a manga gafa[152]
do palangana,[153] e tigela
d'ovos moles com canela,
e tão mal correspondeis,
que esse tempo, que a comeis,
são as têmporas para ela.

5

Item sabeis tresladar
falto de próprios conselhos
de trezentos sermões velhos
um sermão para pregar:
e como entre o pontear,
e cirgir obras alheias
se enxergam vossas idéias,
mostrais pregando de falso,
que sendo um Frade descalço,
andais pregando de meias,[154]

6

E pois vossa Reverência
quis ser julgador de nora,
tenha paciência, que agora
se lhe tira a resistência:
e inda que a minha clemência
se há com dissimulação,
livre-se na relação

---

152. *Gafa:* garra; no português antigo, gancho com que se puxava a corda da besta para armá-la.

153. *Palangana:* (do esp. *palangana*) tabuleiro de barro ou de metal onde se serviam os assados.

154. *Sendo um frade descalço / andais pregando de meias:* o poeta faz alusão a ordens religiosas, cujos integrantes têm como costume andar descalços. Registrando que o retratado segue a máxima (?) "fazei o que digo, não fazei o que faço", usando sermões alheios para demonstrar conhecimentos que não tem.

dos cargos, em que é culpado,
ser glutão como um capado,
como um bode fodinchão.

A CERTO FRADE NA VILA DE SÃO FRANCISCO, A QUEM UMA MOÇA FINGINDO-SE AGRADECIDA A SEUS REPETIDOS GALANTEIOS, LHE MANDOU EM SIMULAÇÕES DE DOCE UMA PANELA DE MERDA.

DÉCIMAS

1

Reverendo Frei Antônio
se vos der venérea fome,
praza a Deus, que Deus vos tome,
como vos toma o demônio:
uma purga de antimônio
devia a môça tomar,
quando houve de vos mandar
um mimo, em que dá a entender,
que já vos ama, e vos quer
tanto, como o seu cagar.

2

Fôstes-vos mui de lampeiro
vós, e os amigos de cela
ao miolo da panela,
e achastes um camareiro,
de que vos desenganásseis,
e foi bem feito, que achásseis
cagalhões, que então sentistes,
porque, aquilo, que não vistes,
quis o demo, que cheirásseis.

3

A hora foi temerária,
o caso tremendo, e atroz,

e essa merda para vós
se não serve, é necessária:
se a peça é mui ordinária,
eu de vós não tenho dó:
e se não dizei-me: é pó
mandar-vos a ponto cru
a Môça prendas do cu,
que tão vizinho é do có?[155]

4

Se vos mandara primeiro
o mijo num panelão,
não ficáreis vós então
mui longe do mijadeiro:
mas a um Frade malhadeiro
sem correia, nem lacerda,
que não sente a sua perda,
seu descrédito, ou desar,
que havia a Môça mandar,
senão merda com mais merda?

5

Dos cagalhões afamados
diz esta plebe inimiga,
que eram de ouro de má liga
não dobrões, porém dobrados:
aos Fradinhos esfamiados,
que abrindo a panela estão,
dai por cabeça um dobrão,
e o mais mandai-o fechar;
que por isso, e por guardar,
manhã sereis guardião.

6

Se os cagalhões são tão duros,
tão gordos, tão bem dispostos,

---

155. *Có:* ver nota 104.

é, porque hoje foram postos,
e ainda estão mal maduros:
repartam-se nos monturos,
que nas enxurradas dos tais
é de crer, que abrandem mais,
porque a Môça cristamente
não quer, que quebreis um dente,
mas deseja, que os comais.

AO MESMO CAPITÃO SENDO ACHADO COM UMA GROS-
SÍSSIMA NEGRA.

DÉCIMAS

1

Ontem, senhor Capitão,
vos vimos deitar a prancha,
embarcar-vos numa lancha
de gentil navegação:
a lancha era um galeão,
que joga trinta por banda,
grande proa, alta varanda,
tão grande pôpa, que dar
podia o cu a beijar
a maior urca[156] de Holanda.

2

Era tão azevichada,
tão luzente, e tão flamante,
que eu cri, que naquele instante,
saiu do pôrto breada:

---

156. *Urca:* embarcação portuguesa do século XVII, de dois ou três mastros, de velas redondas ou latinas, com um grande porão para transporte de carga. Com o tempo passou-se a chamar *charrua,* segundo ABHF, que registra também seu sentido figurativo e popular: "mulher gorda e feia".

estava tão estancada
que se escusava outra frágua
e assim teve grande mágoa
a lancha por ver, que quando
a estáveis calafetando
então fazia mais água.

3

Vós logo destes à bomba
com tal pressa, e tal afinco,
que a pusestes como um brinco
mais lisa, que uma pitomba:
como a lancha era mazomba,
jogava tanto de quilha,
que tive por maravilha,
não comê-la o mar salgado,
mas vós tínheis, o cuidado,
de lhe ir metendo a cavilha.[157]

4

Desde então toda esta terra
vos fêz por aclamação
Capitão de guarnição
não só, mas de mar, e guerra:
eu sei, que o Povo não erra,
nem isso vos faz mercê,
porque sois soldado, que
podeis capitanear
as charruas d'além-mar,
se são urcas de Guiné.

---

157. *Cavilha:* (do prov. *cavilha*) peça de madeira ou de metal para juntar ou segurar madeiras, chapas etc., ou tapar um orifício, e que tem cabeça numa das extremidades e na outra a fenda que a mantém presa por meio de chaveta. A enciclopédia Lello Universal registra também o termo "bater a cavilha"; "cerimônia de pregar a primeira cavilha na caverna mestra de uma quilha que está no estaleiro".

AO MESMO CAPITÃO FRETANDO-LHE A AMÁSIA CERTO HOMEM CHAMADO O SURUCUCU.[158]

DÉCIMAS

1

Passou o surucucu,
e como andava no cio,
com um e outro assobio,
pediu a Luísa o cu:
Jesu nome de Jesu,
disse a mulata assustada,
se você é cobra mandada
que me quer ferir da escolta
dê uma volta, e na volta
poderá dar-me a dentada.

2

Apenas isto escutou,
quando a boa cobra sôlta
deu a volta, mas a volta
não foi, a que a namorou:
porque o bom Adão[159] achou
no Paraíso, ao entrar,
sem poder a Eva[160] falar,
jurando o seu nome em vão,
pecou no segundo então,
por no sexto não pecar.[161]

---

158. *Surucucu:* réptil ofídio, das matas tropicais brasileiras, que pode atingir 3,60m de comprimento. É a maior cobra venenosa do Brasil.

159. *Adão:* segundo a Bíblia o primeiro homem, formado de barro por Deus, a sua imagem. Expulso do paraíso terrestre, por ter cometido o pecado original.

160. *Eva:* primeira mulher, companheira de Adão, feita da costela do primeiro homem. Tentada pela serpente, comeu o fruto proibido.

161. *Pecou no segundo então / por no sexto não pecar:* alusão aos dez mandamentos da lei de Deus, segundo registram as Escrituras Sagradas, entregues a Moisés no monte Sinai.

3

O seu Santo nome disse
em vão: mas o capitão
perguntou a Luísa então
a causa da parvoíce:
ela; porque êle ouvisse,
toda de risinhos morta,
este mandu[162] (disse absorta)
não repara, que se implica
marchar eu com outra pica,
tendo o Capitão à porta?

4

Saiba, Senhor Capitão,
que se Luísa se fornica,
antes com homem de pica,
que com homem de bastão:
porém se este toleirão,
quiser vomitar peçonha,
livra-me-ei dessa erronha,
pois na sua cara vejo,
que terá muito de pejo,
mas tem mui pouca vergonha.

5

Prometeu vir do passeio
veio como um corrupio,
eu não vi homem tão frio,
que tão depressa se veio:
sôbre ser frio é mui feito;
sôbre ser feio é mui tolo;
porém se o meu portacolo
não erra, tem o magano[163]
nos culhões muito tutano,
na testa pouco miolo.

---

162. *Mandu:* (do tupi *mandu,* "feixe ambulante") pop., tolo.
163. *Magano:* jovial, engraçado, travesso; atrevido, malicioso; indivíduo de baixa extração (pejorativo).

AO MESMO[164] POR SUAS ALTAS PRENDAS.

SONÊTO

```
Dou        pruden      nobre      huma      afá
   to         te                    no           vel
Re         cient        benig      e aplausí
Úni        singular ra             inflexí
    co                   ro                       vel
Magnífi              precla        imcompará
Do mun               grave Ju      inimitá
          do              is
vel
Admira              goza      o aplauso   crí
Po       a trabalho   tan      e t     terrí
    is                to         ão           vel
Da         pron        execuç    sempre     incansá
Voss       fa      Senhor sej    notór
     a          ma         a               ia
L       no cli      onde nunc   chega o d
Ond       de Ere    só se tem            memór
     e           bo[165]                    ia
Para qu       gar      tal,     tanta energ
Por       de tôd      est      terr      é gentil    glór
     is       a        a        a                    ia
Da    ma    remot    sej              um alegr
```

---

164. *Ao mesmo:* o poema é dedicado ao desembargador Belchior da Cunha Brochado. E é um dos muitos que GM fez em homenagem a juízes e desembargadores de sua cidade. Na edição de JA os versos três e quatro vêm estropiados, sugerindo erro de composição. No verso nove, está registrado *crível* (forma mantida por essa edição) em vez de *incrível*, como registra JMW.

165. *Erebo:* (do lat. *Erebus*) mit., filho do Caos e da Noite. Tomou parte na guerra dos Titãs e foi precipitado por Júpiter no Tártaro. É identificado com a região que se estende debaixo da Terra e por cima do Inferno, onde (cont.)

AO OUVIDOR GERAL DO CRIME QUE TINHA PRESO O POETA (COMO ACIMA SE DIZ) EMBARCANDO-SE PARA LISBOA.

SONÊTO

Lôbo cerval, fantasma pecadora,[166]
alimária cristã, salvage humana,
Que eras como vara pescador de cana,
Quando devias ser burro de nora.

Leve-te Bersabu,[167] vai-te em má hora,
levanta já daqui fato, e cabana,[168]
E não pares senão na Trapobana,[169]

---

as almas expiam seus pecados. Na antologia organizada por JMW consta a seguinte observação: "*Erebo:* mitologia, nome das trevas infernais, *onde nunca chega o dia*. Entenda-se já que o garbo e tanta energia são gentil glória desta terra, que sejam também alegria da terra mais remota (isto é, *Erebo*)". Em *Literatura Comentada* AD ainda registra: "Se a noção de jogo que acompanha o poeta aparece em termos de raciocínio na poesia religiosa ou em termos de exploração de sonoridade em poemas circunstanciais, neste caso essa noção se cumpre por meio da distribuição gráfico-espacial do poema que força, inclusive, a um jogo ocular intenso da parte do leitor".

166. *Lobo cerval / fantasma pecadora:* este é um dos poemas atribuídos a GM que tem sua autoria contestada. JMW observa: "Segundo Aguiar e Silva pertence a João Sucarelo (*Maneirismo e barroco na poesia lírica portuguesa*, Coimbra, 1971, p. 106)".

167. *Bersabu:* o mesmo que *Belzebu* (do hebr. *baal-zebub*): nome de um demônio considerado pelo Novo Testamento como o chefe dos espíritos maus.

168. *Levanta já daqui fato, e cabana:* na antologia de JMW está registrado "levanta desta vez fato e cabana", que para o autor tem o significado de "parte levando tudo o que tem, e desfazendo a casa".

169. *Trapobana:* antiga ilha de Ceilão, lugar onde o mundo terminava na antiga geografia.

Ou no centro da Líbia abrasadora.
Pasta-te um raio, queime-te um corisco
Na cama estejas tu, sejas na rua,
Sepultura te dêem montes de cisco.

E tôda cousa, que for tua
Corra sempre contigo o mesmo risco,
Ó salvage cristã, ó besta crua.

AO DESEMBARGADOR BELCHIOR DA CUNHA BROCHADO VINDO DE SINDICAR, O RIO DE JANEIRO EM OCASIÃO, QUE ESTAVA O POETA PRESO PELO OUVIDOR DO CRIME, PELO FURTO DE UMA NEGRA, SOLTANDO-SE NA MESMA OCASIÃO O LADRÃO.

SONÊTO

Senhor Doutor: muito bem-vinda seja
A esta mofina, e mísera cidade
Sua justiça agora, e eqüidade,
e Letras, com que a todos causa inveja.

Seja muito bem-vindo: porque veja
O maior desbarate, e iniqüidade,
Que se tem feito em uma, e outra idade
Desde que há tribunais, e quem os reja.

Que me há de suceder nestas Montanhas
Com um Ministro em leis tão pouco visto,
Com previsto em trampas,[170] e maranhas?[171]
É Ministro de império, mero, e misto,

---

170. *Trampas:* (do esp. *trampa*) ardil, trama.
171. *Maranhas:* astúcia, esperteza.

Tão Pilatos[172] no corpo, e nas entranhas,
Que solta um Barrabás,[173] e prende um Cristo.

PONDO OS OLHOS PRIMEIRAMENTE NA SUA CIDADE CONHECE, QUE OS MERCADORES SÃO O PRIMEIRO MÓVEL DA RUÍNA, EM QUE ARDE PELAS MERCADORIAS INÚTEIS E ENGANOSAS.

SONÊTO

Triste Bahia! oh quão dessemelhante[174]
Estás, e estou do nosso antigo estado!
Pobre te vejo a ti, tu a mi empenhado,
Rica te vejo eu já, tu a mi abundante.

A ti tocou-te a máquina mercante,[175]
Que em tua larga barra tem entrado,
A mim foi-me trocando, e tem trocado
Tanto negócio, e tanto negociante.

---

172. *Pilatos:* governador da Judeia, nomeado pelos romanos, entregou Jesus Cristo, acusado de sedição, aos juízes religiosos que o condenaram à cruz, apesar de saber que ele não era culpado de crime algum. Para fazer compreender aos judeus que não era responsável pela morte do acusado, mandou vir a água e lavando as mãos, exclamou: "Sou inocente da morte desse justo". "Lavar as mãos como Pilatos" passou a significar se eximir da responsabilidade de determinado ato.

173. *Barrabás:* no mesmo julgamento que Cristo foi condenado à crucificação por Pilatos, foi solto Barrabás, preso por conspirar contra Roma. "Solta um Barrabás e prende um Cristo" tem o sentido de soltar um culpado e prender um inocente.

174. *Triste Bahia! oh quão dessemelhante:* as duas primeiras estrofes desse poema foram musicadas e popularizadas pelo compositor baiano Caetano Veloso no LP "Transa", lado 1, faixa 3, Philips-Phonogram/1972.

175. *Tocou-te a máquina mercante:* JMW registra "trocou-te a máquina mercante" e observa: "*trocou-te,* com duplo sentido de comerciar e modificar"; "*máquina mercante,* as naus que aportam para comerciar".

Deste em dar tanto açúcar excelente
Pelas drogas inúteis, que abelhuda
Simples[176] aceitas do sangaz[177] Brichote.[178]

Oh se quisera Deus, que de repente
Um dia amanheceras tão sisuda
Que fôra de algodão o teu capote!

NO ANO DE 1686 DIMINUÍRAM AQUELE VALOR, QUE SE HAVIA ERGUIDO À MOEDA, QUANDO O POETA ESTAVA NA CÔRTE, ONDE ENTÃO COM SEU ALTO JUÍZO SENTIU MAL DO ARBITRISTA, QUE ASSIM ACONSELHARÁ A EL REY, QUE FOI O PROVEDOR DA MOEDA NICOLAU DE TAL, A QUEM FEZ AQUELA CÉLEBRE OBRA INTITULADA "MARINÍCOLAS" O QUE CLARAMENTE SE DEIXA VER NESTES VERSOS:

"Sendo pois o alterar da moeda
o assopro, o arbítrio, o ponto, o ardil,
de justiça a meu ver se lhe devem
as honras, que teve Ferraz, e Soliz."

AGORA COM A EXPERIÊNCIA DOS MALES, QUE PADECE A REPÚBLICA NESTAS ALTERAÇÕES, SE JACTA DE O HAVER ESTRANHADO ENTÃO: JULGANDO POR CAUSA TOTAL OS AMBICIOSOS ESTRANGEIROS INIMIGOS DOS BENS ALHEIOS.

1

Tratam de diminuir
o dinheiro a meu pesar,

---

176. *Simples:* "ingredientes que entram na composição de drogas" (ASA).
177. *Sangaz:* por sagaz.
178. *Brichote:* segundo ASA, termo depreciativo para designar o estrangeiro.

que para a cousa baixar
o melhor meio é subir:
quem via tão alto ir,
como eu vi ir a moeda
lhe prognosticou a queda,
como eu lha prognostiquei:
dizem, que o mandou El-Rei,
quer creais, quer não creais.
Não vos espanteis, que inda lá vem mais.

2

Manda-o a fôrça do fado,
por ser justo, que o dinheiro
baixe o seu valor primeiro
depois de tão levantado:
o que se vir sublimado
por ter mais quatro mangavas
hão de pesá-los as oitavas,[179]
e por ser leve hão de enjeitá-lo:
e se com todo êste abalo
por descontentes vos dais,
Não vos espanteis, que inda lá vem mais.

3

As pessoas, que quem rezo,
hão de ser com o ferrôlho,
val[180] pouco tomado a ôlho,
val menos tomado a pêso:
os que prezo, e que desprezo
todos serão de uma casta,
e só moços de canastra
entre veras,[181] e entre chanças[182]

---

179. *Oitavas:* antigo imposto pago ao Estado ou a uma corporação, o qual correspondia à oitava parte de certos rendimentos. No antigo sistema de pesos, significa também a oitava parte da onça.

180. *Val*: por vão.

181. *Veras*: para valer, a sério.

182. *Chanças:* zombaria, troça, graça.

com pesos, e com balanças
vão a justiçar os mais:
Não vos espanteis, que inda lá vem mais.

4

Porque como em Maranhão
mandam novelos à praça,
assim vós por esta traça
mandareis o algodão:
haverá permutação,
como ao princípio das gentes,
e todos os contraentes
trocarão droga por droga
pão por sal, lenha por soga,[183]
vinhas por canaviais:
Não vos espanteis, que inda lá vem mais.

5

Virá a frota para o ano,
e que leve vós agouro
senão tudo a pêso de ouro,
a pêso tudo de engano:[184]
não é o valor desumano,
que a cada oitava se dá
da prata, que corre cá,
pelo meu fraco conceito,
mas ao cobrar fiel direito,
e oblíquo, quando pagais;
Não vos espanteis, que inda lá vem mais.

---

183. *Soga:* tira de couro, cujas extremidades se prendem às pontas do boi e pela qual ele é puxado, ou guiado.

184. *Senão tudo a peso de ouro / a peso tudo de engano:* entenda-se. Portugal (a frota) comercializa com a Colônia vendendo acima do preço (a peso de ouro), mercadorias e produtos adulterados (a peso de engano). No poema, GM retrata as preocupações dos nativos com mudanças que se processavam na Coroa, embora ninguém protestasse, por nutrir esperança de se beneficiar com a nova ordem financeira, "estão tão descansados", registra.

6

Bem merece esta cidade
esta aflição, que a assalta,
pois os dinheiros exalta
sem real autoridade:
eu se hei de falar verdade,
o agressor do delito
devia ser só o aflito:
mas estão tão descansados,
talvez frota, que esperais;
Não vos espanteis, que inda lá vem mais.

QUEIXA-SE O POETA EM QUE O MUNDO VAI ERRADO, E QUERENDO EMENDÁ-LO O TEM POR EMPRESA DIFICULTOSA.

SONÊTO

Carregado de mim ando no mundo,
E o grande pêso embarga-me as passadas,
Que como ando por vias desusadas,
Faço o pêso crescer, e vou-me ao fundo.

O remédio será seguir o imundo
Caminho, onde dos mais vejo as pisadas,
Que as bêstas andam juntas mais ornadas,
Do que anda só o engenho mais profundo.

Não é fácil viver entre os insanos,
Erra, quem presumir, que sabe tudo,
Se o atalho não soube dos seus danos.

O prudente varão há de ser mudo,
Que é melhor neste mundo o mar de enganos
Ser louco cos demais, que ser sisudo.

Satiriza o poeta alegoricamente alguns ladrões, que mais se assinalavam na república, abominando a variedade, e o modo de furtar.

ROMANCE

Ontem Nise, a prima noite
vi sôbre o vosso telhado
assentado em cabido[185]
cinco ou seis formosos gatos.
Estava a noite mui clara,
fazia um luar galhardo
e porque tudo vos diga,
estava eu em vós cuidando.
O Presidente, ou o Deão[186]
na cumeeira sentado
era um gato macilento
barbirruço e carichato.[187]
Os demais em boa ordem
pela cumeeira abaixo
lavandeiros de si mesmos
lavavam punhos, e rabos.
Tão profundo era o silêncio,
que não se ouvia um miau,
e o Deão o interrompeu
dando um mio acatarrado.
Tossiu, tossiu, e não pôde
articular um miau,

---

185. *Cabido:* assembleia ou corporação; "assentado em cabido" no sentido de dispostos na forma que um conjunto de cônegos sentam numa catedral.

186. *Deão:* (do fr. antigo *deiien,* hoje *doyen*) dignatário eclesiástico, que preside o cabido, o decano.

187. *Carichato*: por caricato.

que de puro penitente
traz sempre o peito cerrado.
Eis que um gatinho reinol
mui estítico, e mui magro
relambido de feições,
e de tono[188] afalseado:
quis por primeiro falar,
e falara em todo o caso,
se outro gato casquiduro
lhe não saíra aos embargos.
Eu sou um gato de meirinho[189]
(disse) que pelos telhados
vim fugindo a todo trote
do poder de um saibam-quantos.
Com que venho a concluir,
que servindo a tais dois amos,
hei de falar por primeiro,
porque sou gato dos gatos.
Fale, disse o Presidente,
pois lhe toca por anciano;[190]
e êle tomando-lhe a vênia,
foi o seu conto contando.
Em casa dêste Escrivão
me criei com tal regalo,
que os demais gatos da casa
eram comigo uns bichanos.
Me cresci, e aborreci,
porque se cumpra o adágio,

---

188. *Tono*: (do lat. *tonus*) tom.
189. *Meirinho:* (do latim *majorinu*) antigo funcionário da justiça, que corresponde hoje ao oficial de diligências. Significando também antigo magistrado, de nomeação real, e que governava amplamente uma comarca ou território. No texto, utilizado como referência a todos os indivíduos encarregados do cumprimento da lei e da justiça.
190. *Anciano:* por ancião.

que o oficial do mesmo ofício
é inimigo declarado.
Foi-me tomando tal ódio,
porque foi vendo, e notando,
que eu era capaz de dar-lhe
até no ofício um gataço.
Topou-me em uns entreforros,
e tirando-me porraços,
eu lhe miava os narizes,
quando ele me enchia os quartos.
Fugi, como tenho dito,
e me acolhi ao sagrado
de uma vara de justiça,
que é valhacouto[191] de gatos.
Sai meu amo aos prendimentos,
e eu fico em casa encerrado
por caçador de balcões,
onde jejuo o trepasse.
Porque em casa de um meirinho
nas suas arcas, e armário
é quaresma tôda a vida,
e têmporas[192] todo o ano.
Não posso comer ratinhos,
porque cuido, e não me engano,
que de meu amo são todos
ou parentes, ou paisanos.
Porque os ratinhos do Douro
são grandíssimos velhacos:
em Portugal são ratinhos,
e cá no Brasil são gatos.
Eu sou gato virtuoso,

---

191. *Valhacouto:* refúgio, abrigo, asilo.

192. *Têmporas:* (do lat. *tempora*) os três dias de jejum e preces especiais, numa semana de cada estação do ano, segundo o rito católico.

que a puro jejum sou magro,
não como, por não ter quê,
não furto, por não ter quando.
E como sobra isto hoje
para me terem por Santo,
venho pedir que me ponham
no Calendário dos gatos.
Acabada esta parlenda[193]
mui ético do espinhaço
sôbre a muleta das pernas
se levantou outro gato:
Dizendo: há anos, que sirvo
na casa de um Boticário,
que a récipe[194] de pancadas
me tem os bofes purgado.
Queixa-se, que lhe comi
um boião de ungüento branco,
e bebi-lhe a mesma noite
um canjirão de ruibardo.[195]
Diz bem, porque assim passou;
mas eu fiquei tão passado
como de tal solutivo
dirá qualquer mata-sonos.
Fiquei de humores exangue,
tão escorrido e exausto,
que não sou gato de humor,
porque nem bom, nem mau gasto.
Suplico ao senhor Cabido,
que de um homem tão malvado

---

193. *Parlenda:* (de *parlanda,* com dissimulação) palavreado, palavrório, bacharelada.
194. *Récipe:* (do lat. *recipe,* "recebe, toma", imperativo de *recipere*), receita.
195. *Ruibarbo:* erva medicinal, empregada como purgativo, originária da China.

me vingue com ter saúde,
por não gastar os emplastos.
Apenas êste acabou,
quando se ergueu outro gato,
e entoando o jube domine[196]
disse humilde, e mesurado:
Meu amo é um bom Alfaiate
gerado sôbre um telhado
na maior fôrça do inverno,
alcoviteiro dos gatos.
É pardo rajado em prêto
ou prêto embutido em pardo,
malhado, ou já malhadiço
do tempo, em que fôra escravo,
tão caçador das ourelas,
tão meador de retalhos,
que com onças[197] de retrós
brinca qual gato com ratos.
E porque eu com dois fios
joguei o sapateado,
houve de haver por tão pouco
uma de todos os diabos.
Estrugiu-me a puros gritos,
e plantou-me no pedrado;
êle pelo cabo é cão,
e eu fiquei gato por cabo.
Que de verdade dissera,
a estar menos indignado!
mas para falar de um cão
é muito suspeitoso um gato.
Pelo menos quando eu corto

---

196. *Jube domine:* (loc. lat. que significa "manda, senhor") submissão; testemunhar preito a alguém.

197. *Onças:* (ant.) espécie de jogo, semelhante a damas.

nunca dobro a tela em quatro,
por dar um colête ao
demo, e outro a mim pelo trabalho.
Nem menos peço dinheiro
para retrós e não gasto,
porque o gavetão do cisco
me dá retrós necessário.
Não cirzo côvado, e meio
por dar um colête ao diabo,
nem vendo de tela fina
retalhinhos de três palmos.
Tudo enfim se há de saber
no universo cadafalso,
que no Tribunal de Deus
não se estilam[198] secretários.
Requeiro a vossas mercês,
que me ponham com outro amo,
porque com êste hei de estar
sempre como cão com gato.
À vista dêste Alfaiate
disse o Cabido espantado,
somos nós gatos mirins,
que inda agora engatinhamos.
O gato tome outro amo
em qualquer convento honrado,
seja fundador Barbônio,
ou sacristão-mor do Carmo.
A propósito do que
se erguendo outro gato,
e amortalhado de mãos
armou os lombos em arco
e dizendo o jube domine[199]

---

198. *Estilam:* de estilar; picar, ferir, torturar (com estilete).
199. *Jube domine:* ver nota 196.

se pôs em terra prostrado:
e eu disse logo: me matem,
se não é dos Franciscanos.
Sou gato de refeitório,
disse, há três ou quatro anos,
pajem do refeitoreiro,
do despenseiro criado.
Fui Custódio da cozinha,
e dei mal conta do cargo,
porque sisando[200] rações,
fui guardião dos traçalhos.
Eu era por outro tempo
mui gordo, e mui anafado,[201]
porque os da esmola então vinham
despejar-me em casa os sacos.
Mas hoje, que já da rua
vêm com bolsos despejados,
veio a ser o refeitório,
uma Tabaida[202] de gatos.
Não pode o pão das esmolas
manter tantos Remendados,
que em lhe manter as amigas
(sendo infinitas) faz arte.
Dei com isto entisicar-me[203]
e esbugar-me[204] do espinhaço,
não tanto já de faminto,
quanto de escandalizado.
Não posso viver entre homens,
que se remendam seus panos,

---

200. *Sisando:* (de *sisar*) subtrair fraudulentamente, filtrar, surripiar.

201. *Anafado:* (de *anafar*) bem nutrido, luzidio.

202. *Tabaida:* retiro, ermo, isolamento.

203. *Entisicar-me:* (de *entisicar*) exaurir-se, esgotar-se, minguar (tornar-se tísico, ficar tísico).

204. *Esbugar-me:* (do lat. *espurgare*) tirar a carne de (ossos).

é mais por nos enganar,
que porque lhes dure o ano.
E hoje, que na casa nova
gastam tantos mil cruzados,
são gatos de maior dura,
pois de pedra, e cal são gatos.
Palavras não eram ditas,
quando zunindo, e silvando
sentiram pelas orelhas
um chuveiro[205] de bastardos.[206]
E logo atrás disso um tiro
de um bacamarte atacado,
que disparou de um quintal
um malfazejo soldado.
Descompôs-se a audiência,
e cada qual por seu rabo
pela campanha dos ares
foram de telha em telhado.
E depois de légua e meia
tinha cada qual andado,
parando, olharam atrás
atônitos, e assustados.
E vendo-se desunidos,
confusos, desarranchados,
usaram de contra-senha
miau aqui, ali, miau.
Mas depois, que se juntaram,
disse um gato castelhano,
cada qual a su cabana,
que hoje de boa escapamos.
Chuviscou naquele instante,

---

205. *Chuveiro:* fig., grande porção de coisas que caem ou se sucedem com rapidez.
206. *Bastardos:* espécie de uva de bagos duros muito unidos e doces.

e safaram-se de um salto,
porque sempre da água fria
tem mêdo o gato escaldado.

CONTEMPLANDO NAS COISAS DO MUNDO DESDE O SEU RETIRO, LHE ATIRA COM SEU APAGE, COMO QUEM A NADO ESCAPOU DA TORMENTA.

SONÊTO

Neste mundo é mais rico, o que mais rapa:
Quem mais limpo se faz, tem mais carepa:[207]
Com sua língua ao nobre o vil decepa:
O Velhaco maior sempre tem capa.

Mostra o patife da nobreza o mapa:
Quem tem mão de agarrar, ligeiro trepa;
Quem menos falar pode, mais increpa:
Quem dinheiro tiver, pode ser Papa.
A flor baixa se enculca por Tulipa;
Bengala hoje na mão, ontem garlopa:[208]
Mais isento se mostra, o que mais chupa.

Para a tropa do trapo vazo a tripa,[209]
E mais não digo, porque a Musa topa
Em apa, epa, ipa, opa, upa.

---

207. *Carepa:* caspa, aspereza cutânea. No sentido figurado, sarna.

208. *Garlopa:* plaina grande. O poeta registra a transformação do retratado, que aspira nobreza e carrega bengala na mão como sinal de ascensão social, mas no passado possuía um trabalho manual (*plaina* é um instrumento usado por carpinteiros para alisar madeira). Segundo AD, está manifestada também "a prevenção contra o trabalho manual, traço muito característico da cultura brasileira".

209. *Vazo a tripa:* segundo JMW, tem o sentido de defecar, "manifestação máxima de desprezo pela tropa do trapo, i. é, a fidalguia baiana sem tradição", observa.

A MESMA MARIA VIEGAS SACODE AGORA O POETA ESTRAVAGANTEMENTE PORQUE SE ESPEIDORRAVA MUITO.

DÉCIMAS

Dizem, que o vosso cu, Cota,
assopra sem zombaria,
que parece artilharia,
quando vem chegando a frota:
parece, que está de aposta
este cu a peidos dar,
porque jamais sem parar
êste grão-cu de enche-mão
sem pederneira, ou murrão
está sempre a disparar.
De Cota o seu arcabuz
apontado sempre está,
que entre noite, e dia dá
mais de quinhentos truz-truz:
não achareis tantos cus
tão prontos em peidos dar,
porque jamais sem parar
faz tão grande bateria,
que de noite, nem de dia
pode tal cu descansar.

Cota, êsse vosso arcabuz
parece ser encantado,
pois sempre está carregado
disparando tantos truz:
arrenego de tais cus,
porque êste foi o primeiro
cu de Moça fulieiro,
que tivesse tal saída
para tocar tôda a vida
por fole de algum ferreiro.

DESCREVE A CONFUSÃO DO FESTEJO DO ENTRUDO.

SONÊTO

Filhós, fatias, sonhos, mal-assadas,[210]
Galinhas, porco, vaca, e mais carneiro,
Os perus em poder do Pasteleiro,
Esguichar, deitar pulhas,[211] laranjadas.

Enfarinhar, pôr rabos, dar risadas,
Gastar para comer muito dinheiro,
Não ter mãos a medir o Taverneiro,
Com réstias de cebolas dar pancadas.

Das janelas com tanhos[212] dar nas gentes,
a buzina tanger, quebrar panelas,
Querer em um só dia comer tudo.

Não perdoar arroz, nem cuscuz quente,
Despejar pratos, e alimpar tijelas,
Estas as festas são do Santo Entrudo.[213]

---

210. *Sonhos, mal-assadas:* AD chama a atenção nesse poema para o verdadeiro roteiro gastronômico do Brasil seiscentista.

211. *Pulhas:* ato de gracejar, levando alguém a fazer perguntas, cuja resposta reverte em escárnio de quem perguntou. *Deitar* está no sentido de "pregar, fazer".

212. *Tanhos:* assento de tábua, esteira.

213. *Entrudo:* festejos de caráter violento, no Brasil antigo, que deram origem ao carnaval. Deles participavam todas as classes sociais.

Descreve a jocosidade, com que as Mulatas do Brasil bailam o Paturi.

CHANÇONETA

Ao som de uma guitarilha,
que tocava um colomim[214]
vi bailar na Água Brusca
as Mulatas do Brasil:
Que bem bailam as Mulatas,
que bem bailam o Paturi!

Não usam de castanhetas,
porque cos dedos gentis
fazem tal estropeada,
que de ouvi-las me estrugi:
Que bem bailam as Mulatas,
que bem bailam o Paturi.

Atadas pelas virilhas
cuma cinta de carmesim,
de ver tão grandes barrigas
lhe tremiam os quadris.
Que bem bailam as Mulatas,
que bem bailam o Paturi.

Assim as saias levantam
para os pés lhes descobrir,
porque sirvam de ponteiros
à discípula aprendiz,
Que bem bailam as Mulatas,
que bem bailam o Paturi.

---

214. *Colomim*: ver nota 77.

A PEDITÓRIO DOS PRETOS DE NOSSA SENHORA DO ROSÁRIO FEZ O POETA O SEGUINTE MEMORIAL PARA O MESMO GOVERNADOR, IMPETRANDO LICENÇA PARA SAÍREM MASCARADOS A UMA OSTENTAÇÃO MILITAR, A QUE CHAMARAM ALARDE.

DÉCIMAS

Senhor: os Negros Juízes
da Senhora do Rosário
fazem por uso ordinário
alarde nestes Países:
como são infelizes,
que por seus negros pecados
andam sempre emascarados
contra a lei da polícia,
ante Vossa Senhoria
pedem licença prostrados.

A um General Capitão
Suplica a Irmandade preta,
que não irão de careta,
mas descarados irão:
todo o negregado Irmão
desta Irmandade bendita
pede, que se lhe permita
ir ao alarde enfrascados[215]
não de pólvora atacados,
calcados de jeribita.[216]

---

215. *Enfrascados:* metido em frasco. *Fam.* bêbado, ébrio (de enfrascar).
216. *Jeribita:* cachaça, aguardente.

Ao mesmo assunto e aos mesmos sujeitos sucedendo-lhe o que diz.

SONÊTO

Casou-se nesta terra esta, e aquêle,
Aquêle em gôzo filho de cadela,
Esta uma donzelíssima donzela,
Que muito antes do parto o sabia êle.

Casaram por unir pele com pele,
E tanto se uniram, que êle com ela
Com seu mau parecer ganha para ela,
com seu bom parecer ganha para êle.

Deram-lhe em dote muitos mil cruzados,
Excelentes alfaias,[217] bons adornos,
De que estão os seus quartos bem ornados:

Por sinal, que na porta, e seus contornos
Um dia amanheceram bem contados
três bacios de merda, e dous de cornos.

Vendo-se finalmente em uma ocasião tão perseguida esta dama do poeta, assentiu no prêmio de suas finezas; com condição, porém, que se queria primeiro lavar; ao que ele respondeu com sua costumeira jocoseria.

DÉCIMAS

O lavar depois importa,
porque antes em água fria

---

217. *Alfaias:* (do ár. *al-hajâ*) móvel ou utensílio de uso ou adorno doméstico.

estarei eu noite, e dia
batendo-vos sempre à porta:
depois que um homem aporta,
faz bem por fôrça entrar,
e se hei de o postigo entrar,
e se hei de o postigo achar
fechado com frialdade,
antes quero a sujidade,
porque enfim me hei de atochar.

Não serve o falar de fora,
Babu, vós bem o sabeis,
dai-me em modo, que atocheis,
e esteja êle sujo embora:
e se achais, minha Senhora,
que êstes são os meus senãos,
não fiquem meus gostos vãos,
nem vós por isso amuada,
que ou lavada, ou não lavada
cousa é, de que levo as mãos.

Lavai-vos, minha Babu,
cada vez que vos quiseres,
já que aqui são as mulheres
lavandeiras do seu cu:
juro-vos por Berzabu,[218]
que me dava algum pesar
vosso contínuo lavar,
e agora estou nisso lhano,
pois nunca se lava o pano,
senão para se esfregar.

A que se esfrega amiúdo
se há de amiúdo lavar,

---

218. *Berzabu:* ver nota 167.

porque lavar, e esfregar
quase a um tempo se faz tudo:
se vós por modo sisudo
o quereis sempre lavado,
passe: e se tendes cuidado
de lavar o vosso cujo
por meu esfregão ser sujo,
já me dou por agravado.

Lavar carne é desgraça
em tôda a parte do Norte,
porque diz, que dessa sorte
perde a carne o sal, e graça:
e se vós por esta traça[219]
lhe tirais ao passarete
o sal, a graça, e o cheirete,
em pouco a dúvida topa,
se me quereis dar a sopa,
dai-ma com todo o sainete.

Se reparais na limpeza,
ides enganada em suma,
porque em tirando-se a escuma,
fica a carne uma pureza:
fiai da minha destreza,
que nesse apertado caso
vos hei de escumar o vaso
com tal acerto, e escolha,
que há de recender a ôlha,
desde o Nascente ao Ocaso.

As Damas, que mais lavadas
costumam trazer as peças,

---

219. *Traça:* ardil, artifício, manha.

e disso se prezam, essas
são as Damas mais deslavadas:
porque vivendo aplicadas
a lavar-se, e mais lavar-se
deviam desenganar-se,
de que se não lavam bem,
porque mal se lava, quem
se lava para sujar-se.

Lavar para me sujar
isso é sujar-me em verdade,
lavar para a sujidade
fôra melhor não lavar:
de que serve pois andar
lavando antes que mo deis?
Lavai-vos, quando o sujeis,
e porque vos fique o ensaio,
depois de foder lavai-o,
mas antes não o laveis.

CHEGANDO ALI COM O POETA THOMAZ PINTO BRANDÃO CONTA, O QUE PASSOU COM ANTONICA UMA DESONESTA MERETRIZ.

SONÊTO

Chegando à Cajaíba, vi Antonica,
e indo-lhe apolegar,[220] disse caca,
gritou Tomás em tono de matraca
Bu bu pela mulher, que foge à pica.
Eu, disse ela, não sou mulher de crica,
que assomo como rato na buraca,

---

220. *Apolegar:* machucar com os dedos, sobretudo com o polegar; apertar.

quem me lograr há de ter boa ataca,[221]
que corresponda ao vaso, que fornica.

Nunca me fêz mister dizer, quem merca,[222]
porque a minha beleza é mar que surca[223]
alto baixel,[224] que traz cutelo, e fôrca.

E pois você tem feito, com que perca,
diga essas confianças à sua urca,[225]
que eu sei, que em cima de urca é puta porca.

ESCANDALIZADO O POETA DA SÁTIRA ANTECEDENTE, E SER PUBLICADA EM NOME DO VIGÁRIO DE PASS, LOURENÇO RIBEIRO PARDO, QUANDO ÊLE ESTAVA INOCENTE DA FATURA DELA, E CALAVA PORQUE ASSIM CONVINHA; LHE ASSENTA AGORA O POETA O CACHEIRO COM ESTA PETULANTE.

SÁTIRA

1

Um Branco muito encolhido,
um Mulato muito ousado
um Branco todo coitado,
um canaz[226] todo atrevido:

---

221. *Ataca:* (gíria) corresponde ao órgão sexual masculino (pênis). No provincianismo monhoto, tripa delgada de porco.

222. *Merca:* apregoar para vender, negociar.

223. *Surca:* o mesmo que *sulca,* navegar por.

224. *Baixel:* embarcação, navio pequeno. *Baixel que traz cutelo e forca,* no sentido que por Antonica os homens perdem a cabeça, arriscam segurança e fortuna, correndo o risco de cometer crimes para obterem os favores da retratada.

225. *Urca:* ver nota 156.

226. *Canaz*: (des.) pessoa má, infame, vil (der. de cão; demônio, diabo).

o saber muito abatido,
a ignorância, e ignorante
mui ufano, e mui arfante
sem pena, ou contradição:
milagres do Brasil são.

2

Que um cão revestido em Padre
por culpa da Santa Sé
seja tão ousado, que
contra um Branco ousado ladre:
e que esta ousadia quadre[227]
ao Bispo, ao Governador,
ao Cortesão, ao Senhor,
tendo naus no Maranhão;
milagres do Brasil são.

3

Se a êste podengo[228] asneiro
o Pai o alvanece[229] já,
a Mãe lhe lembre, que está
roendo em um tamoeiro:[230]
que importa um branco cueiro,
se o cu é tão denegrido!
mas se no misto sentido
se lhe esconde a negridão:
milagres do Brasil são.

4

Prega o Perro fraudulário,
e como a licença o cega,
cuida, que em púlpito prega,

---

227. *Quadre:* de *quadrar* (do lat. *quadrare*); ser conveniente, agradar, convir.

228. *Podengo:* (do lat. *potencus*) cão próprio para a caça de coelhos.

229. *Alvanece:* de *alvanel,* fig. ant., autor de obra tosca, mal-acabada.

230. *Tamoeiro:* peça de couro, na parte superior do jugo do carro de boi.

e ladra num campanário:
vão ouvi-lo de ordinário
Tios, e Tias do Congo,
e se suando o mondongo[231]
êles só gabos lhe dão:
milagres do Brasil são.

5

Que há de pregar o cachorro,
sendo uma vil criatura,
se não sabe da escritura
mais que aquela, que o pôs fôrro?
quem lhe dá ajuda, e socorro,
são quatro sermões antigos,
que lhe vão dando os amigos,
e se amigos têm um cão,
milagres do Brasil são.

6

Um cão é o timbre maior
da Ordem predicatória,
mas não acho em toda história,
que o cão fosse pregador;
se nunca falta um Senhor,
que lhe alcance esta licença
a Lourenço por Lourença,
que as Pardas tudo farão:
milagres do Brasil são.

7

Já em versos quer dar penada,
e porque o gênio desbrocha,
como cão a troche-mocha[232]

---

231. *Mondongo:* ver nota 116.

232. *Mocha:* diz-se de animal mutilado ou a que falta algum membro. *Troche*, de *trochar(?)*, torcer para tornar forte. Assim, cão a *troche-mocha* figura como metonímia de animal que foi castrado, para se tornar mais feroz.

mete unha e dá dentada:
o Perro não sabe nada,
e se com pouca vergonha
tudo abate é, porque sonha,
que sabe alguma questão:
milagres do Brasil são.

8

Do Perro afirmam Doutores,
que fêz uma apologia
ao Mestre da poesia,
outra ao sol dos Pregadores:
se da lua aos resplandores
late um cão a noite inteira,
e ela seguindo carreira
luz sem mais ostentação:
milagres do Brasil são.

9

Que vos direi do Mulato,
que vos não tenha já dito,
se será amanhã delito
falar dêle sem recato:
não faltará um mentecapto,
que como vilão de encerro
sinta, que dêem no seu perro,
e se porta como um cão:
milagres do Brasil são.

10

Imaginais, que o insensato
do canzarrão fala tanto,
porque sabe tanto, ou quanto,
não, senão porque é mulato:
ter sangue de carrapato[233]

---

233. *Sangue de carrapato:* medroso, covarde, corresponde hoje a "sangue de barata".

ter estoraque de congo[234]
cheirar-lhe a roupa a mondongo
é cifra de perfeição:
milagres do Brasil são.

A CERTO FRADE QUE SE METEU A RESPONDER A UMA SÁTIRA, QUE FEZ O POETA, ELE AGORA LHE RETRUCA COM ESTOUTRA.

SILVA

Ilustre, e reverendo Frei Lourenço,
Quem vos disse, que um burro tão imenso,
Siso em agraz,[235] miolos de pateta
pode meter-se em réstia de poeta?

Quem vos disse, magano,
Que fará verso bom um Franciscano?
Cuidais, que um tonto revestido em saco
O mesmo é ser poeta, que velhaco?
Sêres mestre vós na velhacaria
Vos vem por esta reta via
De trajar de librel essa libréia,
E o ser poeta nasce de outra veia;
Não entreis em Aganipe[236] mais na barca,

---

234. *Estoraque de Congo: estoraque* (do lat. *styrax)* é dicionarizada com dois sentidos. No primeiro, bálsamo de consistência e que exala cheiro agradável, semelhante ao de ácido benzoico. No segundo, pessoa leviana, doidivanas. Em ambos os casos, ligado ao termo *Congo,* adquire uma conotação pejorativa, racista, complementada com a frase seguinte "cheirar-lhe a roupa a mondongo" por exalar mau cheiro (mondongo é também um prato da culinária africana feito com restos de porco, com forte cheiro).

235. *Agraz:* qualquer fruta muito azeda (ácida, acre) de verde.

236. *Aganipe:* (mit.) ninfa da fonte que levava seu nome, consagrada às musas, ao pé do monte de Hélicon.

Porque nela co'a mesma vossa alparca
Apolo[237] tem mandado,
Que vos espanquem por desaforado.

Não sabeis, Reverendo Mariola,
Remendado de frade em salvajola,
Que cada gôta, que o meu sangue pesa,
Vos poderá a quintais vender nobreza?
Falais em qualidade,
Tendo nestas artérias quantidade
De sangue vil, humor meretricano,
Pois nascestes de sêmen franciscano,
E sôbre vossa Mãe em tempos francos
Caíram mil tamancos,
De sorte que não soube a sua pele,
Se vos fundiu mais com êste, do que aquêle:
E nem vós, Frei Monturo, ou Frade Cisco,
Sabeis se filho sois de São Francisco,
Porque sois, vos prometo.
Filho do Santo não, porém seu neto.

Quem vos meteu a vós, vilão de chapa
A tomares a dores do meu mapa,
Se no mapa, que fiz não se esquadrinha
Linha tão má, como é a vossa linha?

Mas como comeis alhos,
Vos queimais, sem chegares aos burralhos;
E se acaso vos toca a putaria,
Que ali pintou a minha fantasia,[238]
Não vos canseis em defender as putas,

---

237. *Apolo:* (mit.) deus grego e romano, dos oráculos, da medicina, da poesia, das artes, dos rebanhos, do dia e do sol. Filho de Júpiter e de Latona, irmão gêmeo de Diana. Protótipo da beleza masculina. Guardião do Parnaso, protetor dos poetas.
238. *Fantasia:* por fantasia.

Pois sendo dissolutas,
Não vos querem soldado aventureiro,
Querem, que lhe acudais com bom dinheiro;
E querem pelos menos, Frei Bolório,
que os sobejos lhe deis do refectório,[239]
Que as dádivas de um Frade
sobejos são da leiga caridade.

E se acaso esforçastes a ousadia
À vista de uma larga companhia,
Ides, Frei Maganão, muito enganado,
Que o capitão pretérito é passado:
Não é cousa possível,
Que vos livre de trago tão terrível;
Tomai em vós, Frei Burro, ou Frei Cavalo,
Que cair sôbre vós pode o badalo
De algum celeste signo, que vos abra,
E sem dizer palavra
Vos leve em corpo, e alma algum demônio
Por mau imitador de Santo Antônio;
Confessai vossas culpas, Frei Monturo,
Que anda a morte de ronda pelo muro,
E se na esfera vos topar a puta,
Vos heis de achar no inferno a pata enxuta.

A CERTO HOMEM PRESUMIDO, QUE AFETAVA FIDALGUIAS POR ENGANOSOS MEIOS.

SONÊTO

Bote a sua casaca de veludo,
E seja Capitão sequer dous dias,
Converse à porta de Domingos Dias,
que pega fidalguia mais que tudo.

---

239. *Refectório:* por refeitório.

Seja um magano,[240] um pícaro abelhudo,
Vá ao palácio, e após das cortesias
Perca quanto ganhar nas mercancias,
E em que perca o alheio, esteja mudo.
Sempre se ande na caça, e montaria,
Dê nova locução, nôvo epíteto,
E diga-o sem propósito à porfia;

Que em dizendo: "facção, pretexto, efecto"
Será no entendimento da Bahia
Mui fidalgo, mui rico, e mui discreto.

A CERTA FREIRA QUE EM DIA DE TODOS OS SANTOS MANDOU A SEU AMANTE GRACIOSAMENTE POR PÃO DE DEUS UM CARÁ.[241]

DÉCIMAS

1

No dia, em que a Igreja dá
pão por Deus à cristandade,
tenho por má caridade
dares vós, Freira, um cará:
se foi remoque, oxalá,
que vos dêem a mesma esmola,
que não há mulher tão tôla,
que por mais honesta, e grave,
não queira levar o cabe,
se pôs descoberta a bola.

2

Descobristes a intenção,
e o desejo revelastes,

---

240. *Magano:* ver nota 163.

241. *Cará:* (do tupi *ka'ra*) designação comum a várias espécies das famílias das dioscoreáceas, providas de tubérculos alimentares e de que algumas são ornamentais; caranambu, caratinga.

quando o cará encaixastes,
a quem vos pedia o pão:
como quem diz: meu Irmão,
se quem toma, se obrigou
a pagar, o que tomou,
vós obrigado a pagar-me
ficais ensinado a dar-me
o cará, que vos eu dou.

3

Levado desta seqüela
promete o mancebo já
de dar-vos o seu cará,
porque fique ela por ela:
se consiste a vossa estrela
em dar, o que heis de tomar,
cará não há de faltar,
porque o Môço não repara
em levar a cópia, para
o original vos tornar.

4

Se assim fôr, que assim será,
fareis um negócio raro,
porque um cará não é caro
se por um outro se dá:
e pois o que pagar já
sem detença, e com cuidado,
se o quereis ver bem pagado,
há de ser com tal partido,
que por um cará cozido
leveis o meu, que anda passado.

5

Vós pois me haveis de dizer
(assentado êste negócio)
se quereis fazer socrócio,[242]
porque comigo há de ser:

---

242. *Socrócio:* ver nota 67.

de carás heis de cozer
uma boa caldeirada,
e de tôda esta tachada
tal conserva heis de tomar,
que vos venhais pagar
do cará co caralhada.

Aos principais da Bahia chamados os Caramurus.[243]

SONÊTO

Há cousa como ver um Paiaiá[244]
Mui prezado de ser Caramuru,
Descendente de sangue de Tatu,
Cujo torpe idioma é cobé pá.[245]

A linha feminina é carimá[246]
Moqueca, pititinga, caruru
Mingau de puba,[247] e vinho de caju
Pisado num pilão de Piraguá.
A masculina é uma Aricobé[248]
Cuja filha Cobé um branco Paí
Dormiu no promontório de Passé.

---

243. *Caramuru:* no texto, caramuru está no lugar de "branco importante", segundo AD.

244. *Paiaiá:* pajé, segundo SS.

245. *Cobé pá*: tanto SS, JMW e AD registram Cobepá, sendo que SS e JMW usam ainda interrogação no final do termo. Ver nota 78.

246. *Carimá:* "por carimã, bolo feito à base de farinha de mandioca. *Moqueca:* prato feito de peixe, de marisco ou de ave e temperado com salsa, coentro, limão, leite de coco, azeite-de-dendê e pimenta de cheiro. *Pititinga* ou *pipitinga:* o mesmo que manjuba ou enchova, variedade de peixe. *Caruru*: guisado de quiabo com camarão seco, peixe, azeite-de-dendê e pimenta" (notas de AD).

247. *Puba:* (do tupi *pubae,* "fermentado") a mandioca posta na água até amolecer e fermentar.

248. *Aricobé:* designação de uma tribo de índios, ascendentes do paiaiá mencionado, que moravam nas cercanias da cidade.

O Branco era um marau,[249] que veio aqui,
Ela era uma Índia de Maré[250]
Cobé pá, Aricobé, Cobé Paí.

A COSME MOURA ROLIM INSIGNE MORDAZ CONTRA OS
FILHOS DE PORTUGAL.[251]

SONÊTO

Um Rolim[252] de Monai Bonzo Bramá[253]
Primaz da Greparia[254] do Pegu,
Que sem ser do Pequim, por ser do Açu[255]
Quer ser filho do Sol nascendo cá.

Tenha embora um avô nascido lá,
Cá tem três para as partes do Cairu,[256]

---

249. *Marau:* (do fr. *maraud*) indivíduo espertalhão, astucioso; mariola, patife, malandro.

250. *Maré:* ilha localizada na Baía de Todos os Santos, habitada originalmente por indígenas.

251. *Filhos* de Portugal: JMW em sua antologia dá como título "ao mesmo assunto" (referindo-se ao soneto anterior).

252. *Um Rolim:* JMW registra "um paiá". Darcy Damasceno, em "Os melhores poemas de GM" (p. 10, 33 e 150), considera que há na grafia do termo *rolim* uma tradição errônea e viciosa, tomando-o como nome próprio, quando o que nele existe é um processo sinonímico que se estende ao segundo verso. O mesmo autor registra também *Mounai* em vez de *Monai*.

253. *Bonzo Bramá:* sacerdote budista, do reino de Bramá, um dos nomes que a região conhecida como a Birmânia teve no passado. Segundo JMW, "o poeta estabelece uma oposição irônica entre a suposta ascendência do seu personagem e a ascendência real. Que sem ser do Pequim, por ser Acu/ Quer ser filho do sol, nascendo cá".

254. *Greparia:* do grego, antigo sacerdote do *Pegu,* região que corresponde hoje à Baixa Birmânia, na Ásia. JMW registra "cafraria".

255. *Açu:* JMW grafa *Acu*.

256. *Partes do Cairu:* JMW grafa *Costas do Cairu. Paranacu* também é grafado pelo mesmo autor como *Paraguaçu*.

Chama-se o principal Parauaçu,
Descendente êste tal de um Guinamá.

Que é fidalgo nos ossos, cremos nós,
Que nisto consistia o mor brasão
Daquele, que comiam seus avós.[257]

E como isto lhe vem por geração,
Tem tomado por timbre em seus teirós[258]
Morder, aos que provêm de outra Nação.

AO MESMO ASSUNTO.

SONÊTO

Um calção de pindoba[259] a meia zorra[260]
Camisa de Urucu,[261] mantéu de Arara,

---

257. *Comiam seus avós:* o poeta enfatiza a origem indígena do retrato "fidalgo nos ossos" (hábito de antropofagia), pois era prática de seus antepassados de onde herdou o *mor brasão* (e os costumes, assim como a pretensa nobreza, foram transmitidos de geração a geração).

258. *Teirós:* teima, rixa. JMW registra "sua nobreza *(timbre)* está, como em seus antepassados, em *morder,* dessa vez metaforicamente, os *que provêm de outra nação:* falar mal, atacá-los mordazmente".

259. *Pindoba:* palmeira, coqueira.

260. *Zorra:* baseados em sugestão de Péricles Eugênio da Silva Ramos, JMW e AD registram que "zorra" significa caindo. Já Darcy Damasceno (*Os melhores poemas de GM;* Global, p. 11 e 34) registra a *meia porra* (a meia altura do pênis). E explica: "A tradição textual tem seguido outra leitura: *zorra* em vez de *porra,* a cuja explicação os editores se esquivam. Trata-se de confusão, na leitura, entre as letras manuscritas *p* e *z*".

261. *Urucu:* fruto do qual os índios extraíam uma tinta vermelha. *Camisa de urucu,* i. é, o corpo pintado dessa cor.

Em lugar de cotó[262] arco, e taquara,
Penacho de Guarás em vez de gorra.

Furado o beiço, e sem temor que morra,
o pai, que lho envazou cuma titara,[263]
Senão a Mãe, que a pedra lhe aplicara,
a reprimir-lhe o sangue, que não corra.

Animal sem razão, bruto sem fé,
Sem mais Leis, que as do gôsto, quando erra,
De Paiaiá virou-se em Abaeté.[264]

Não sei, onde acabou, ou em que guerra,
Só sei que deste Adão de Massapé,
Procedem os fidalgos desta terra.

A OUTRA FREIRA QUE SATIRIZANDO A DELGADA FISIONO-
MIA DO POETA LHE CHAMOU DE PICA-FLOR.

DÉCIMA

Se Pica-flor me chamais,
Pica-flor aceito ser,
mas resta agora saber,
se no nome, que me dais,
meteis a flor, que guardais
no passarinho melhor!
se me dais êste favor,
sendo só de mim o Pica,

---

262. *Cotó:* espada curta.
263. *Titara:* palmeira, aqui no sentido de vareta (usada para perfuração de orelha, beiço e nariz pelos índios).
264. *Abaeté:* homem sábio, leal, ponderado, a quem se pede conselho, no entendimento dos indígenas. AD registra o mesmo significado que JMW "gente feia, repelente, repulsiva". JMW grafa *abaité*.

e o mais vosso, claro fica,
que fico então Pica-flor.

ENCONTRO QUE TEVE COM UMA DAMA, MUI ALTA, CORPULENTA E DESENGONÇADA.

DÉCIMAS

1

Mui alta, e mui poderosa
Rainha, e Senhora minha,
por poderosa Rainha,
Senhora por alterosa:
permiti, minha formosa,
que esta prosa envolta em verso
de um Poeta tão perverso
se consagre a vosso pé,
Pois rendido a vossa fé
sou já Poeta converso.

2

Fui ver-vos, vim de admirar-vos,
e tanto essa luz me embaça,
que aos raios da vossa graça
me converti a adorar-vos:
servi-vos de apiedar-vos,
ídolo dalma adorado,
de um mísero, de um coitado,
a quem só consente Amor
por galardão um rigor,
por alimento um cuidado.

3

Dai-me por favor primeiro
ver-vos uma hora na vida,
que pela vossa medida
virá a ser um ano inteiro:

permiti, belo luzeiro
a um coração lastimado,
que por destino, ou por fado
alcance um sinal de amor,
que sendo vosso o favor
será por fôrça estirado.

4

Fodamo-nos, minha vida,
que êstes são os meus intentos,
e deixemos cumprimentos,
que arto tendes de comprida:
eu sou da vossa medida,
e com proporção tão pouca
se êste membro vos emboca,
creio, que a ambos nos fica
por baixo crica com crica,
por cima boca com bôca.

MOTE:
Ó meu pai, tu qués, que eu morra?

1

Co cirro[265] nos estrefolhos[266]
se queixava um negro cono[267]
de ver, lhe fincando o mono[268]
o fodedor dos antolhos:[269]
e revirando-lhe os olhos
dizia a puta cachorra,

---

265. *Cirro*: (do lat. cirru) penugem em redor das ventas de certas aves.
266. *Estrefolhos*: termo não dicionarizado, sugerindo uma criação do poeta para obter rima.
267. *Cono*: o mesmo que có (gír., ver nota 104).
268. *Mono*: indivíduo muito feio (fam.).
269. *Antolhos:* sin. de *antojos* (do esp. *antojo),* desejo estravagante, apetite caprichoso.

desencaixa um pouco a porra,
eu venho regalar-me,
e tu fodes a matar-me?
Ó meu Pai, tu qués, que eu morra?

Fretei uma negra mina[270]
e fodendo-a todo o dia
a coitada não podia
porém era puta fina:
a porra nela se inclina
inclino com fôrça a porra,
e forcejando a cachorra
ela me disse esperai,
e eu lhe disse chegai,
Ó meu Pai, tu qués, que eu morra?

MOTE:

*O Caralho do Muleiro
é feito de papelão,
arreita[271] pelo inverno,
para foder no verão.*

1

O Muleiro, e o Criado
tiveram grande porfia
sôbre qual dêles teria
mor[272] membro, e mais estirado:
pôs-se o negócio em julgado,
e botando ao soalheiro[273]
um, e outro membro inteiro,

---

270. *Mina:* indivíduo dos minas, casta de negro do grupo sudanês.

271. *Arreita:* (do lat. *adrectare*) sentir desejos venéreos.

272. *Mor*: por maior.

273. *Soalheiro*: (de soalho + eiro) agrupamento de sujeitos ociosos e maledicentes, que se reúnem, geralmente, ao sol.

às polegadas medido,
se viu, que era mais comprido
o caralho do Muleiro.

2

Disto Criado apelou,
e foi a razão, que deu,
que o membro então mais cresceu
porque então mais arreitou:
logo alegou, e provou
não ser bastante razão
a polegada da mão
para vencer-lhe o partido,
que suposto que é comprido,
É feito de papelão.

3

Item sendo necessário,
disse mais, que provaria,
que se era papel, se havia
abaixar como ordinário:
que o membro era mui falsário
feito de um pobre quaderno[274]
tão fora do uso moderno,
que se uma Môça arreitada
lhe dá no verão entrada,
Arreita pelo inverno.

4

E que depois de se erguer,
é tão tardo, e tão ronceiro,[275]
que há de mister o Muleiro
seis meses para o meter:
porque depois de já ter
aceso como um tição,

---

274. *Quaderno:* forma ant. em des. de *caderno*.
275. *Ronceiro:* que se move com lentidão; vagaroso, lento. Que não tem energia; indolente, mole, molenga, preguiçoso.

engana a putinha então,
pois pedindo a fornicasse,
lhe dizia, que esperasse
Para foder no verão.

Passando dois frades franciscanos pela porta de Águeda pedindo esmola, deu ela um peido, e respondeu um deles estas palavras "Irra para tua tia".

DÉCIMAS

1

Sem tom, nem som por detrás
espirra Águeda à janela,
mas foi espirro de trela,
porque tal estrondo faz:
que um Reverendo Sagaz
lastimado, do que ouvia,
se já não foi, que sentia
ouvir tal ronco ao traseiro,
disse para o companheiro,
"Irra para tua Tia".

2

Sentiu-se Águeda do irra,
e disse, perdoe, Frade,
que pede por caridade,
não se agasta com tal birra:
aqui nesta casa espirra
todo o coitado, e coitada;
passe avante, que isto é nada,
e se acaso se enfastia,
será para sua Tia,
ou para seu camarada.

3

Basta, que se escandaliza
do meu cu, porque se caga?

Venha cá, bôca de praga,
que cousa mais mortaliza?
o peido, que penaliza,
é sorrateiro, e calado:
o peido há de ser falado,
ou ao menos estrondoso,
porque aquêle, que é fanhoso,
é peido desconsolado.

4

Quantas vezes, Frei Remendo,
dará com o meio do cu
peido tão rasgado, e cru,
que lhe fique o rabo ardendo?
perdoe, pois, Reverendo,
não cuidei, tão bem ouvia;
e se esmola me pedia,
aceite-o por caridade,
se não servir para um Frade,
leve-o para tua Tia.

A THOMAZ PINTO BRANDÃO QUEIXANDO-SE DE UMA MULA[276] QUE LHE TINHA PEGADO UMA MULATA, A QUEM DAVA DIVERSOS NOMES, POR DISFARCE, DIZENDO UMAS VEZES, QUE ERA ÍNGUA, E OUTRAS QUEBRADURA.[277]

ROMANCE

Fábio: essa bizarria,
essa flor, donaire,[278] e gala,
mui mal empregada está

---

276. *Mula:* (do lat. *mula*) pop. adenite inguinal, de origem venérea.

277. *Quebradura:* (pop.) hérnia.

278. *Donaire:* (do esp. *donaire*) adorno, enfeite, gentileza, elegância, garbo, graça.

em uma cara caraça[279].
Sobre ser caraça o rosto,
dizem, que a dita Mulata
de mui dura, e rebatida
tem já o couro couraça.
Item que será muito podre,
e não escusa esta Páscoa
para secar os humores
fazer da salsa salsada.
Não me espanto, que nascessem
tal efeitos de tal causa,
que de Mulata sai mula,
como de mula Mulata.
Um dia dizeis, que é íngua,
no outro, que não é nada,
e eu digo, se não fôr mula,
que será burra burrada.

Mas direis por vossa honra,
que é quebradura sem falta,
que de cantar, e bailar,
mil vêzes o talo estala.
Ponde de contra-rutura
um parche[280] na parte inchada
com funda,[281] porque a saúde
fique na funda fundada.

---

279. *Caraça:* (fig.) cara larga e cheia.

280. *Parche*: (do franc. ant. *parche*) pano barrado do unguento, ou embebido em algum líquido, que se aplica sobre uma parte doente do corpo para combater uma dor ou inflamação; emplasto, curativo.

281. *Funda*: aparelho cirúrgico, para ligar, ou sustentar quebraduras.

Chica, ou Francisca, uma desengraçada crioula, que conversava com o poeta e se arrepiava toda zelosa de o ver conversar com Maria João, no mesmo tempo, em que ela não fazia escrúpulo de admitir um mulato.

DÉCIMAS

1

    Estais dada a Bersabu,[282]
    Chica, e não tendes razão,
    Sofrei-me Maria João,
    pois eu vos sofro a Mungu:[283]
    vós dais ao rabo, e ao cu,
    eu dou ao cu, e ao rabo,
    vós com um Negro, um diabo,
    eu com uma Negrinha brava,
    pois fique fava por fava,
    e quiabo por quiabo.

2

    Vós heis de achar-me escorrido,
    não vo-lo posso negar,
    eu também o hei de achar
    remolhado, e rebatido
    assim é igual o partido,
    e mesmíssima a razão,
    porque quando o vosso cão
    dorme co'a minha cadela,
    que fique ela por ela,
    diz um português rifão.

---

282. *Bersabu*: ver nota 167.

283. *Mungu*: árvore angolense. O poeta faz alusão à concorrência que sofre de um indivíduo descendente de africanos, nos amores de Chica.

3

Vós dizeis-me irada e ingrata,
co'a mão na barguilha posta
"eu me verei bem disposta!"
e eu digo-vos: "Quien se mata?"[284]
eu vou-me à putinha grata,
e descarrego o culhão,
vós ides ao vosso cão,
e regalais o pasmado,
leve ao diabo enganado,
e andemos co'a procissão.[285]

4

Chica, fazei-me justiça,
e não vo-la faça eu só,
eu vos deixo o vosso có,[286]
vós deixai-me a minha piça:[287]
E se o demo vos atiça
mamar numa e noutra teta,
pica branca, e pica preta,
eu também por me fartar
quero esta pica trilhar,
numa grêta,[288] e nutra grêta.[289]

5

Dizem, que o ano passado
mantínheis dez fodilhões
branco um, nove canzarrões,
o branco era o dizimado,

---

284. *"Quien se mata?":* exp. espanhola, "quem se importa?"
285. *Andemos co'a procissão:* exp. ant. portuguesa, corresponde a "segue com o andor", "toca o barco"; dar seguimento a situação difícil ou indesejada.
286. *Có:* ver nota 104.
287. *Piça:* (gír.) pênis; órgão sexual masculino.
288. *Greta:* fenda, abertura.
289. *Nutra:* por noutra.

o branco era o escornado,
por ter pouco, e brando nabo;
hoje o vosso sujo rabo
me quer a mim dizimar,
que não hei de suportar
ser dízimo[290] do diabo.

6

Chica, dormi-vos por lá,
tendo de negros um cento,
que o pau branco é corticento,
e o negro é jacarandá:
e deixai-me andar por cá
entre as negras do meu jeito,
mas perdendo-me o respeito,
se o vosso guardar quereis,
contra o direito obrareis,
sendo amiga do direito.

7

Sois puta de entranha dura,
e inda que amiga do alho
sois uma arranha-caralho
sem carinho, nem brandura:
dou ao demo a puta escura,
que estando a tôdas exposta,
não faz festa ao de que gosta;
dou ao demo o quies vel qui,
e não para quem a encosta.

8

Quem não afaga o sendeiro,
de que gosta, e bem lhe sabe,
vá-se dormir cuma trave,

---

290. *Dízimo:* contribuição que os fiéis pagavam à Igreja. *Dízimo do diabo* é antônimo da expressão foreira "dízimo a Deus" e está por "ser devedor do diabo" ou "vender a alma ao diabo".

e esfregue-se cum coqueiro:
seja o cono[291] presenteiro,
faça o mimo o agasalho
ao membro, que lhe dá o alho,
e se de carinho é escassa,
ou vá se enforcar, ou faça
do seu dedo o seu caralho.

ENFURECIDO O POETA DAQUELES CIÚMES DESCOMPOSTOS
LHE FAZ ESTA HORRENDA ANATOMIA.

Vá de aparelho,
vá de painel,
venha um pincel
retratarei a Chica
e seu besbelho.

É pois o caso
que a arte obriga,
que pinte a espiga
da urtiga primeiro
e logo o vaso.

A negra testa
de caiambuca[292]
a põe tão cuca[293]
que testa nasce, e em cuia
desembesta.

---

291. *Cono*: ver nota 267.

292. *Caiambuca:* forma antiga portuguesa de *cumbuca,* vaso feito de cabaça na parte superior, da qual se fez uma abertura circular, destinado a conter água ou outros líquidos.

293. *Cuca:* mulher velha e feia (no folclore, monstro imaginário com que se faz medo às crianças).

Os dous olhinhos
com ser pequenos
são dois venenos,
não do mesmo tamanho
maiorzinhos.

Nariz de preta de
cocras[294] pôsto,
que pelo rosto
anda sempre buscando,
onde se meta.

Bôca sacada
com tal largura
que a dentadura
passeia por ali
desencalmada.

Barbinha aguda
como sovela,[295]
não temo a ela,
mas hei mêdo à barba:
Deus me acuda.

Pescoço longo,
socó com saia,
a quem dão vaia
negros, com quem se farta
de mondongo.[296]

---

294. *Crocas:* cavidade ou buraco.
295. *Sovela:* (do lat. *subella,* por *subula)* instrumento de ferro, em forma de haste cortante e pontuda usada por sapateiros para furar couro a ser cosido.
296. *Mondongo*: ver nota 116

Tenho chegado
ao meu feitio
do corpo esquio,
chato de embigo,
erguido a cada lado.

Peito lazeira[297]
tão derribado,
que é retratado
ao peito espaldar
debaixo da viseira.[298]

Junto às cavernas
tem as perninhas
tão delgadinhas,
não sei, como se tem
naquelas pernas.

Cada pé junto
forma a peanha,[299]
onde se amanha[300]
a estátua do pernil,
e do presunto.

Anca de vaca
mui derribada
mais cavalgada

---

297. *Lazeira:* (do lat. vulg. *laceria lacerare,* "despedaçar") qualquer casta de males; desgraça, miséria. O termo deriva também de lázaro, leproso.

298. *Viseira:* (do fr. *visière*) a parte anterior do capacete, que encobre e defende o rosto.

299. *Peanha:* pequeno pedestal sobre a qual assenta imagem, cruz, busto etc.

300. *Amanha:* compõe, acomoda, ajusta.

que sela de rocim,
charel[301] de faca.

Puta canalha,
torpe, e mal feita,
a quem se ajeita
uma estátua de trapo
cheia de palha.

Vamos ao sundo[302]
de tão mau jeito,
que é largo, e estreito
do rosto estreito, e largo
do profundo.

Um vaso[303] atroz,
cuja portada
é debruada
com releixos na boca,
como noz.

Horrível odre,[304]
que pelo cabo
toma de rabo
andar são, e feder
a cousa podre.

Modos gatunos
tem sempre francos,
arranha os Brancos,

---

301. *Charel:* por xaréu, peixe vulgar da costa do Centro e do Norte do Brasil.
302. *Sundo:* (gir.) ânus, partes pudendas da mulher.
303. *Vaso*: (gir.) vagina.
304. *Odre:* fig., pessoa que vive embriagada.

e afaga os membros só
dos Tapanhunos.[305]

Tenho acabada
a obra, agora
rasguem-na embora,
que eu não quero ver Chica
nem pintada.

BAIXA QUE DERAM A ESTA VICÊNCIA, POR DIZER-SE QUE
EXALAVA MAU CHEIRO PELO SOVACOS, E SE FOI METER
COM JOANA GAFEIRA.

Lavai, lavai, Vicência, esses sovacos,
Porque li num prognóstico almanaque,
Que vos tresanda sempre o estoraque,
E por isso perdestes casa, e cacos.

Hoje que estais vizinha dos buracos
Das pernas gafeirais, dareis mor baque,
Que tanta caca hei mêdo, que vos caque,
E que fujam de vós té os macacos.

Tratai de perfumar-vos, e esfregar-vos,
Que quem quer esfregar-se, anda esfregada,
Senão ide ser Freira, ou enforcar-vos.

Porque está tôda a terra conjurada,
Que antes de vos provar, hão de cheirar-vos,
e lançar-vos ao mar, se estais danada.

---

305. *Tapanhunos:* tribo de índios brasileiros, fig., indígenas e seus descendentes.

A BRAZIA DO CALVÁRIO OUTRA MULATA MERETRIZ DE QUEM TAMBÉM FALAREMOS EM ATO VENÉREO COM UM FRADE FRANCISCANO, LHE DEU UM ACIDENTE A QUEM CHAMAM VULGARMENTE LUNDUS,[306] DE QUE O BOM FRADE NÃO FEZ CASO, MAS ANTES FOI CONTINUANDO NO MESMO EXERCÍCIO DE DESENCAVAR, E SOMENTE O FEZ, QUANDO SENTIU O GRANDE ESTRONDO, QUE O VASO LHE FAZIA.

DÉCIMAS

1

   Brásia: que brabo desar![307]
   vós me cortastes o embigo,
   mas inda que vosso amigo,
   não vos hei de perdoar:
   puseste-vos a cascar,
   e invocastes os Lundus;
   Jesus, nome de Jesus!
   que vos meteu no miolo,
   que se enfeitiçava um tolo
   mais que co jogo dos cus?

2

   O Fradinho Franciscano
   sendo um cervo de Jesus,
   que lhe dava dos Lundus,
   se é mais que os Lundus magabos?
   tinha êle limpado o cano

---

306. *Lundus:* (de orig. africana) dança de par solto, de origem africana, que teve seu esplendor no Brasil em fins do século XVIII e começo do século XIX. O texto sugere também divindades de crenças africanas.

307. *Desar:* desventura, desgraça (o mesmo que desaire).

quatro vêzes da bisarma[308]
e como nunca desarma
tão robusta artilharia,
dos lundus que lhe daria,
se êle estava co'aquela arma?

3

Chegado os tais lundus
os viu no vosso acidente,
que se os vê visìvelmente
também lhe dera o seu truz.[309]
desamarrados os cus, porque o Frade desentese,[310]
foi-se êle, pêse a quem pêse,
e vós assombrada tôda,
perdestes a quinta foda,
e talvez que fossem treze.

4

O melhor dêste desar
é, que o Padre, que fodia,
quando o jôgo lhe acudia,
vos tocava o alvorar:[311]
vos enforcando no ar
êsse como a balravento[312]
então o Frade violento
entrava como um cavalo,
e o cono[313] com tanto abalo
zurrava como um jumento.

---

308. *Bisarma*: antiga arma, espécie de alabarda. Pessoa muito corpulenta. Pop. pessoa ou coisa de tamanho descomunal.

309. *Truz*: (voc. onom.) imita o som de uma queda ou de uma explosão. No texto, com sentido de ventosidade emitida pelo ânus (peido).

310. *Desentese*: de desentesar, tornar frouxo, bambo, perder a tesura.

311. *Alvorar*: levantar-se ou empinar-se (a besta).

312. *Balravento*: o mesmo que barlavento, bordo do navio, que fica para o lado onde sopra o vento.

313. *Cono*: ver nota 267.

5

Eu não vi cousa mais vã,
do que o vosso cono bento,
pois com dous dedos de vento
roncava um Itapoã,[314]
estava agora louçã,[315]
crendo, que salva seria
tôda aquela artilharia,
mas vós o desenganastes,
quando o murrão[316] lhe apagastes
com chuva, e com ventania.

6

Se achais, que vos aniquilo,
porque mais pede inda o caso,
digo, que há no vosso vaso
as catapudas[317] do Nilo:
e se o vaso vos perfilo
com rio tão hediondo;
com todas as sete bôcas
tem ruído, e vozes poucas
à vista do vosso estrondo.

7

Ninguém se espanta, que vós
venteis com tal trovoada,
porque de mui galicada[318]
tendes no vaso comboz:
é caso aqui entre nós,
que se o membro é uma viga,

---

314. *Itapoã*: espécie de sagui do Brasil.

315. *Louçã:* fem. de loução, gracioso, gentil.

316. *Murrão*: (gír.) parte inferior, traseira do corpo.

317. *Catapudas:* por cataratas. *As catapudas do Nilo* são declives no leito do rio, produzindo pequenas cataratas.

318. *Galicada: de galicar* (pop.), contagiar de sífilis.

em tocando na barriga
uma enche, e outra extravasa,
e vaso, que enche, e vaza,
como de marés se diga.

8

Tantas faltas padeceis
fora do vaso, e no centro,
que nada ganhais por dentro,
por fora tudo perdeis:
já por isso recorreis
ao demo, a quem vos eu dou,
e tanto vos enganou,
que o Frade o demo sentindo,
dele (e de vós), foi fugindo,
e co demo vos deixou.

9

O demo, que é mui manhoso,
veio então a conjurar-vos,
que à força de espeidorrar-vos
veja o mundo um Frei Potroso:[319]
coitado do religioso
corria com tanta reverência,
nos culhões tendo esquinência[320]
de vossa ventosidade,
mas se a casta tira o Frade,
sei, que há de ter paciência.

---

319. *Potroso:* hérnia intestinal (quebradura).
320. *Esquinência:* o mesmo que amigdalite.

Ressentida também como as outras o poeta lhe dá esta satisfação por estilo proporcionado ao seu gênio.

SONÊTO

Jelu, vós sois a rainha das Mulatas,
E sobretudo sois Deusa das putas,
Tendes o mando sôbre as dissolutas,
Que moram na quitanda dessas Gatas.

Tendes muito distantes as Sapatas,[321]
Por poupar de razões, e de disputas,
Porque são umas putas absolutas,
Presumidas, faceiras, pataratas.[322]

Mas sendo vós Mulata tão airosa
Tão linda, tão galharda, e folgazona,
Tendes um mal, que sois mui cagarrosa.

Pois perante a mais ínclita persona[323]
Desenrolando a tripa revoltosa,
O que branca ganhais, perdeis cagona.

A uma dama, que mandando-a o poeta solicitar-lhe mandou dizer que estava menstruada.

ROMANCE

O teu hóspede, Catita,
foi mui atrevido em vir

---

321. *Sapatas:* sapato largo, raso e grosseiro.
322. *Pataratas:* ver nota 29.
323. *Persona:* (lat.) pessoa.

a tempo, que eu hei mister
o aposento para mim.
Não vou topar-me com ele,
porque havemos de renhir,
e há, de haver por fôrça sangue,
porque é grande espadachim.
Tu logo trata de pôr
fora do teu camarim
um hóspede caminheiro
que anda sempre a ir e vir.
Um hóspede impertinente
de mau sangue, vilão ruim:
por mais que Cardeal seja
vestido de carmesim.
Despeje o hóspede a casa,
pois não lhe custa um ceitil,[324]
e a ocupa de ordinário
sem pagar maravedi.[325]
Não tenhas hóspede em casa
tão asqueroso, tão vil,
que até os que mais te querem
fujam por fôrça de ti.
Um hóspede aluado,
e sujeito a frenesis,
que em sendo quarto de lua
de fina fôrça há de vir.
Que diabo há de sofrê-lo
se vem com tão sujo ardil,
a fazer disciplinante,

---

324. *Ceitil:* (do ár. *cebti*) moeda portuguesa antiga, que valia um sexto de real.
325. *Maravedi:* antiga moeda gótica, usada em Portugal e na Espanha (do ár. *muräbiti,* referente aos almorávides; eles é que cunharam a moeda).

que foi sempre um serafim?[326]
Acaso o teu passarinho
é pelicano serril,
que esteja vertendo sangue
para os filhos, que eu não fiz?
Vá-se o mês, e venha o dia,
em que eu te vá entupir
essas cruéis lancetadas
com lancêta mais sutil.
Deixa já de ensangüentar-te
porque os pecados que eu fiz,
não é bem, que pague em sangue
o teu pássaro por mim.

A UMA NEGRA QUE TINHA FAMA DE FEITICEIRA CHAMADA LUÍZA DA PRIMA.

DÉCIMAS

1

Dizem, Luíza da Prima,
que sois puta feiticeira,
no de puta derradeira,
no de feiticeira prima:
grandemente me lastima,
que troqueis as primazias
a lundus,[327] e a putarias,
sendo-vos melhor ficar
puta em primeiro lugar,
em último as bruxarias.

2

Mas é certo, e sem disputa,
que isso faz a idéia vossa,

---

326. *Serafim:* pessoa de beleza rara.
327. *Lundus:* ver nota 305.

pois para bruxa sois môça,
e sois velha para puta:
que os anos vos computa
e a idade vos arrima,
êsse a fazer vos anima
pela conta verdadeira
no de puta derradeira,
no de feiticeira prima.

3

Esta é a forçosa ocasião,
de que o Cação vos passeie,
porque é fôrça que macheie
um cação a outro cação:
enquanto a fornicação
o fazeis naturalmente,
é tanto, o artifício, e tal,
que exercendo o natural,
obrais endiabradamente.

4

Isto suposto, Luizica,
vos digo todo medroso,
que deve ser valeroso[328]
o homem, que vos fornica:
porque se vos comunica
tôda a noite com sojornos[329]
o demo dos caldos mornos
com seu priapo[330] a faísca,
a fé que a muito se arrisca,
que põe ao Diabo cornos.

---

328. *Valeroso:* por valoroso.

329. *Sojornos*: palavra não dicionarizada. Talvez sinônimo de diabo. Só existe *sojornar* (ant.) residir, permanecer, ficar (do it. *soggiornare*).

330. *Priapo:* (gir.) pênis, órgão sexual masculino.

5

Dormi co diabo à destra,
e fazei-lhe o rebolado,
porque o mestre do pecado
também quer a puta mestra:
e se na torpe palestra
tiveres algum desar,[331]
não tendes, que reparar,
que o diabo, quando emboca,
nunca dá a beijar a bôca,
e no cu o heis de beijar.

6

Se foi vaso de eleição
São Paulo a passos contados
vós pelos vossos pecados
sois vaso de perdição:
tôda a praga, a maldição
no vosso vaso há de entrar,
e a tal têrmo há de chegar
esse vaso sempiterno[332]
que há de ser da vida inferno
onde as porras vão parar.

A UMA CRIOULA POR NOME INÁCIA QUE LHE MANDOU PARA GLOZAR O SEGUINTE.

MOTE:

Para que seja perfeito
um bem feito cono[333] em tudo,
há de ser alto, carnudo
rapadinho, enxuto, estreito.

---

331. *Desar:* ver nota 307.

332. *Sempiterno:* (do lat. *sempiternu)* que não teve princípio, nem há de ter fim: eterno.

333. *Cono:* ver nota 267.

GLOSA

1

Inácia, a vossa questão,
quem crerá, que é de uma preta,
mas vós sois uma preta discreta,
criada entre a discrição:
a proposta veio em vão,
pois a um tolo de mau jeito
tínheis vós proposto o pleito:
ele respondeu em grosso,
que o cono há de ser o vosso,
para que seja perfeito.

2

Vós com tamanha tolice,
ficastes soberba, e inchada,
porque vistes tão gabada
a proposta, e parvoíce:
mas quem, Inácia, vos disse,
que o vosso batido escudo
era macio, e carnudo,
se é tão magro, e pilhancrado,[334]
devendo ser gordo, e inchado
um bem feito cono em tudo.

3

Agora quero mostrar-vos,
que o vosso Mandu[335] magriço
vos pôs um cono postiço
para efeito de louvar-vos:
hoje hei de desenganar-vos,
que o Mandu pouco sisudo
vos engana, e mente em tudo:

---

334. *Pilhancrado:* de *pilhâncara* (pop.), pele pendente.

335. *Mandu:* (do tupi *mandu* "feixe ambulante") o mesmo que tolo, sem inteligência ou sem juízo.

tendes raso, e esguio cono,
e para dar-se-lhe abono
há de ser alto, e carnudo.

4

Se o vosso cono há de ser
molde de cono melhor,
qualquer cono, que bom fôr,
nisso se bota a perder:
mas antes deve entender
todo o cono de bom jeito,
que para ser mais perfeito,
não há de imitar-vos já,
e desta sorte será
rapadinho, enxuto, estreito.

A AMAZIA DESTE SUJEITO QUE FIADA NO SEU RESPEITO
SE FAZIA SOBERBA, E DESAVERGONHADA.

SILVA

1

Puta Andresona, eu pecador te aviso,
que o que amor te tiver, não terá siso;
tu te finges não ser senão honrada
e nunca vi mentira mais provada:
porque de mui metida, e atrevida
te vieste a sair com ser saída;
mas quando de ti, Puta, não cuidara,
fazeres tais baratos de tal cara.

2

Êsse vaso encharcado, qual Danúbio[336]
dá a crer, que és puta inda antes do dilúvio:

---

336. *Danúbio:* rio europeu, que nasce na Alemanha, de grande extensão (2.680 quilômetros).

tão velha puta és, que ser podias
Eva[337] das putas, mãe das putarias,
e por ser puta antiquíssima puderas
dar idade às idades, e era às eras;
e havendo feito putarias artas,
inda hoje dás a crer, que te não fartas.

3

Entram na tua casa a seus contratos
Frades, Sargentos, Pajens, e Mulatos,
porque é tua vileza tão notória,
que entre os homens não achas mais que escória:
a todos êsses guapos dás a língua,
e por muito que dês não te faz míngua:
antes que é linguaraz,[338] e a mim me espanta,
que dando a todos, tenhas língua tanta.

4

Mas isso te nasceu, puta Andresona,
de sêres puta vil, puta fragona:
que o falar da janela, e da varanda,
só se achará em putas de quitanda.
Cal-te,[339] que a puta grave, qual donzela,
geme na cama e cala na janela:
mete a língua no cu, e havendo míngua
quando seres ao cu darás à língua.

5

Pois te deixas calar sempre por baixo,
e lá para calar-te tens o encaixe,
cal-te um dia por cima atroadora,
que já se enfada quem na rua mora:
e diz até uma Preta, e mais não erra,

---

337. *Eva:* ver nota 160.

338. *Linguaraz:* que é falador, mexeriqueiro, maledicente.

339. *Cal-te:* por cala-te.

que a ovelha ruim é a que berra;
cal-te Andresona, que de me aturdires,
tomei eu a ocasião de hoje me ouvires.

Desayres da formosura com as pensões da natureza ponderadas na mesma dama.

SONÊTO

Rubi, concha de perlas[340] peregrina,
Animado Cristal, viva escarlata.
Duas Safiras sôbre lisa prata,
Ouro encrespado sôbre prata fina.

Êste o rostinho é de Caterina;
E porque docemente obriga, e mata,
Não livra o ser divina em ser ingrata,
E raio a raio os corações fulmina.

Viu Fábio uma tarde transportado
Bebendo admirações e galhardias,
A quem já tanto amor levantou aras:[341]

Disse igualmente amante, e magoado:
Ah muchacha[342] gentil, que tal serias,
Se sendo tão formosa, não cagaras!

---

340. *Perlas:* por pérolas.
341. *Aras:* pl. de *ara*, altar, lugar de sacrifício.
342. *Muchacha:* (do esp. *muchacha*) moça.

A OUTRO SUJEITO QUE ESTANDO VÁRIAS NOITES COM UMA DAMA, A NÃO DORMIU POR NÃO TER POTÊNCIA; E LHE ENSINARAM, QUE TOMASSE POR BAIXO UMAS TALHADAS DE LIMÃO, E METEU QUATRO.

DÉCIMAS

1

Tal desastre, e tal fracasso,
com razão vos chega ao vivo,
que eu não vi nominativo
com tão vergonhoso caso:
do Oriente até o Ocaso,
desde o Olimpo[343] até o Baratro,[344]
do Orbe[345] por todo o teatro
se diz, que sois fraca rês,
porque às três o Demo as fêz
mas vós nem três, nem as quatro.

2

Quatro noites de desvêlo
fostes passar com Joana,
tocaram-vos a pavana,[346]
bailastes o esconderelo:[347]
um homem de vosso pêlo
que dirá em tal desvario,
senão que foi tanto o frio,
tanto essas noites ventou,

---

343. *Olimpo:* (do gr. *Olympus,* pelo lat. *Olympu*) habitação das divindades pagãs. (Poét.) Lugar de delícias, céu, paraíso.

344. *Baratro:* por *báratro* (do lat. *barathrum),* precipício, abismo, inferno (assim como o Olimpo está por céu).

345. *Orbe:* (do lat. *Orbis)* o mundo, a Terra.

346. *Pavana:* (do esp. *pavana)* antiga dança espanhola, lenta e grave; a música dessa dança.

347. *Esconderelo:* jogo de esconder.

que a cêra se não gastou
por não pegar o pavio.

3

Isto é para insensatos,
não para os gatos de lei,
nem para mim, que bem sei,
que o frio é que arreita os gatos:
deixe êsses recatos,
demos na verdade em cheio,
o que eu pressuponho, e creio,
é que era alheia a mulher,
e a vossa porra não quer,
levantar-se com o alheio.

4

Vos quereis adrede[348] errar,
porque nos alheios trastes
uma vez que voz deitastes,
fôrça será levantar:
se vos hão de emendar
estas lições de Gandu,[349]
dai a porra a Bersabu,[350]
que não presta para alho,
ou tomais êste caralho
metei-o, amigo, no cu.

5

Engano foi de capricho
a meizinha[351] do Limão,
pois a cura do pismão[352]
é uma, e outra do bicho:
para entesar êsse esguicho,

---

348. *Adrede:* de propósito; de caso pensado; intencionalmente.
349. *Gandu:* ária que outrora se tocava na viola.
350. *Bersabu:* ver nota 167.
351. *Meizinha:* ver nota 124.
352. *Pismão:* (gir.) pênis.

e endurecer êsse cano
o remédio é um sacamano,
e se sois de fria casta,
e nada visto vos basta,
sêde frade franciscano.

6

Meter um limão sem tédio no cu,
é cousa de bruto,
é remédio para puto,
não para as putas remédio:
em todo o Antártico prédio
não se viu tal asnidade,
porque se na realidade
sois tão frio fodedor,
como curais o calor,
se enfermais de frialdade.

A UMAS FREIRAS QUE MANDARAM PERGUNTAR POR OCIO-
SIDADE AO POETA A DEFINIÇÃO DO PRIAPO[353] E ELE LHES
MANDOU DEFINIDO, E EXPLICADO NESTAS.

DÉCIMAS

1

Ei-lo vai desenfreado,
que quebrou na briga o freio,
todo vai de sangue cheio,
todo vai ensangüentado:
mete-se na briga armado,
como quem nada receia,
foi dar um golpe na veia,

---

353. *Priapo:* o mesmo que falo (Príapos era deus dos jardins e dos vinhe-
dos e também o deus da fecundidade, filho de Baco e Vênus, na mitologia
grega). Ver nota 330.

deu outro também em si,
bem merece estar assi,[354]
quem se mete em casa alheia.

2

Inda que pareça nova,
Senhora, a comparação,
é semelhante ao Furão,[355]
que entra sem temer a cova,
quer faça calma, quer chova,
nunca receia as estradas,
mas antes se estão tapadas,
para as poder penetrar,
começa de pelejar
como porco às focinhadas.

3

Êste lampreão[356] com talo,
que come tudo sem nojo,
tem pesos como relojo,[357]
também serve de badalo:
tem freio como cavalo,
e como frade capelo,
é cousa engraçado vê-lo
ora curto, ora comprido,
anda de peles vestido
curtidas já sem cabelo.

---

354. *Assi*: por assim.
355. *Furão:* pequeno mamífero carnívoro, usado em caçadas para afugentar coelhos das tocas.
356. *Lampreão:* JMW registra "pênis em ereção". A enciclopédia Lello Universal registra "pênis com orgasmo". O termo sugere também aumentativo de *lampreia,* gênero de peixe ciclóstomo, dos mares europeus, cuja pele é escorregadia e sem escama e a boca tem forma adequada à sucção.
357. *Relojo*: por relógio.

4

Quem seu preço não entende,
não dará por êle nada.
É como cobra enroscada,
que em aquecendo se estende;
é círio, quando se acende,
é relógio, que não mente,
é pepino de semente,
tem cano como funil,
é pau para tamboril,
bate os couros lindamente.

5

É grande mergulhador,
e jamais perdeu o nado,
antes quando mergulhado
sente então gôsto maior:
traz cascavéis como Assor[358]
e como tal se mantém
de carne crua também
estando sempre a comer,
ninguém lhe ouvirá dizer,
esta carne falta tem.

6

Se se agasta, quebra as trelas
como leão assanhado,
tendo um só ôlho, e vazado,
tudo acerta às palpadelas:
amassa tendo gamelas
doze vêzes sem cansar,
e traz já para amassar
as costas tão bem dispostas,

---

358. *Assor*: JMW sugere: "estará por Asar (?), divindade que na mitologia babilônica vigiava a Grande Serpente".

que traz envolvido nas costas
fermento de levedar.

7

Tanto tem de mais valia,
quanto tem de têso, e relho,
é semelhante ao coelho,
que sòmente em cova cria:
quer de noite, quer de dia,
se tem pasto, sempre come,
o comer lhe acende a fome,
mas as vêzes de cansado
de prazer inteiriçado
dentro de si se esconde, e some.

8

Está sempre soluçando
como triste solitário,
mas se avista seu contrário,
fica como o barco arfando:
quer fique duro, quer brando,
tem tal natureza, e casta,
que no instante, em que se agasta,
(qual Galgo, que a Lebre vê)
dá com tanta fôrça, que,
os que tem presos, arrasta.

9

Tem uma contínua fome,
e sempre para comer
está pronto, e é de crer,
que em qualquer das horas come:
traz por geração seu nome,
que por fim hei de explicar,
e também posso afirmar,
que sendo tão esfaimado,
dá leite como um danado,
a quem o quer ordenhar.

10

É da condição de Ouriço,
que quando lhe tocam,
se arma, ergue-se em tocando
alarma, como cavalo castiço:
é mais longo, que roliço,
de condição mui travessa,
direi, porque não me esqueça,
que é criado nas cavernas,
e que sòmente entre as pernas
gosta de ter a cabeça.

11

É bem feito pelas costas,
que parece uma banana,
com que as mulheres engana
trazendo-as bem descompostas:
nem boas, nem más respostas:
lhe ouviram dizer jamais,
porém causa efeitos tais,
que quem exprimenta,[359] os sabe,
quando na língua não cabe
a conta dos seus sinais.

12

É pincel, que cem mil vêzes
mais que os outros pincéis val,[360]
porque dura sempre a cal,
com que caia, nove meses
êste faz haver Menezes,
Almadas, e Vasconcelos,
Rochas, Farias, e Teles,
Coelhos, Britos, Pereiras,
Sousas, e Castros, e Meiras,
Lancastros, Coutinhos, Melos.

---

359. *Exprimenta:* por experimenta.
360. *Val*: por vale.

13
>
> Êste, Senhora, a quem sigo,
> de tão raras condições,
> é caralho de culhões
> das mulheres muito amigo:
> se o tomais na mão, vos digo,
> que haveis de achá-lo sisudo;
> mas sorumbático, e mudo,
> sem que vos diga, o que quer,
> vos haveis de oferecer
> a seu serviço contudo.

A UMA DAMA QUE LHE PEDIU UM CRAVEIRO.

DÉCIMA

> O craveiro, que dizeis,
> não vo-lo mando, Senhora,
> só porque não tem agora
> o vaso, que mereceis:
> porém se vós o quereis,
> quando por vós eu me abraso,
> digo em semelhante caso,
> sem ser nisso interesseiro,
> que vos darei o craveiro,
> se vós me deres o vaso.

PRETENDE AGORA (POSTO QUE VÃO) DESENGANAR AOS SEBASTIANISTAS,[361] QUE APLICAVAM O DITO COMETA À VINDA DO ENCOBERTO.

SONÊTO

Estamos em noventa era esperada
De todo o Portugal, e mais conquistas
Bom ano para tantos Bestianistas,[362]
Melhor para iludir tanta burrada.

Vê-se uma estrêla pálida, e barbada,
E deduzem agora astrologistas
A vinda de um Rei morto pelas listas,
Que não sendo dos Magos é estrelada.
Oh quem a um Bestianista pergunta,
Com que razão, ou fundamento, espera
Um Rei, que em guerra d'África acabara?

E se com Deus me dá; eu lhe dissera,
Se o quis restituir, não matara,
E se o não quis matar, não o escondera.

---

361. *Sebastianista:* seguidores da seita que acredita na volta de d. Sebastião, o *Desejado,* décimo sexto rei de Portugal, nascido em Lisboa em 1554 e desaparecido na batalha de Alcácer-Kebir na África, em 1578. Parte do povo português, durante o domínio espanhol, acreditava que d. Sebastião retornaria para expulsar o invasor, vindo de uma ilha ignorada, em manhã de nevoeiro, numa galé, para reclamar seu trono aos espanhóis. Assim se formou a lenda do *Príncipe* Encoberto. Nos meados do século XIX ainda havia sebastianistas em Portugal.

362. *Bestianistas:* trocadilho de besta com sebastianista.

Necessidades forçosas da natureza humana.

SONÊTO

Descarto-me da tronga,[363] que me chupa,
Corro por um conchego todo o mapa,
O ar da feia me arrebata a capa,
O gadanho[364] da limpa até a garupa.

Busco uma Freira, que me desentupa
A via, que o desuso às vêzes tapa
Topo-a, topando-a todo o bôlo rapa,
Que as cartas lhe dão sempre com chalupa.[365]

Que hei de fazer, se sou de boa cêpa,
E na hora de ver repleta a tripa,
Darei, por quem mo vase tôda a Europa?
Amigo, quem se alimpa da carepa,[366]
Ou sofre uma muchacha,[367] que o dissipa,
Ou faz da sua mão sua cachopa.[368]

                    Mote:

É do tamanho de um palmo
com dous redondos no cabo.

---

363. *Tronga:* meretriz, prostituta (gír. lusitana).
364. *Gadanho*: garra de ave de rapina, p. ext. unha (fam., os dedos da mão, ou a mão).
365. *Chalupa:* no jogo do voltarete, as três cartas de maior valor – espadilha, basto e manilha.
366. *Alimpa da carepa:* (loc. fam.) melhorar de posição, sair da miséria.
367. *Muchacha:* ver nota 342.
368. *Cachopa:* moça, rapariga.

GLOSA

1

Manas, depois que sou Freira
apoleguei mil caralhos
e acho ter os barbicalhos
qualquer de sua maneira:
o do Casado é lazeira,
com que me canso, e me encalmo,
o do Frade é como um salmo
o maior do Breviário:
mas o caralho ordinário
É do tamanho de um palmo.

2

Além desta diferença,
que de palmo a palmo achei,
outra cousa, que encontrei,
me tem absorta, e suspensa:
é que diz correndo a imensa
grandeza daquele nabo,
quando o fim vi do diabo,
achei, que a qualquer jumento
se lhe acaba o comprimento
Com dous redondos no cabo.

Mote:
Não quero mais do que tenho.

GLOSA

A medida para o malho
pela taxa da Cafeira,
que tem no malho a craveira,
são dous palmos de caralho:
não quer nisto dar um talho,
e eu zombo do seu empenho,

pois tendo um palmo de lenho,
com que outras putas desalmo,
inda que tenho um só palmo,
Não quero mais do que tenho.

> MOTE:
> *Vós dizeis, que arromba arromba:*
> *não se arromba desse modo:*
> *quem o tem apertadinho,*
> *não o quer aberto logo.*

GLOSA

1

Mulatinhas da Bahia,
que tôda a noite em bolandas
correi ruas, e quitandas
sempre em perpétua folia,
porque andais nesta porfia,
com quem de vosso amor zomba?
eu logo vos faço tromba,
vós não vos dai por achado,
eu encruzo o meu rapado,
vós dizeis arromba arromba.

2

Nenhum propósito tem,
o que dizeis, e o que eu faço,
que eu fujo do vosso laço,
e vós botai fora o trem:
e se eu o cubro tão bem,
e o tenho escondido todo,
de donde tirais o engôdo
para arrombar, a quem zomba?
Vós cuidais, que assim se arromba?
Não se arromba dêsse modo.

3

É necessário, que eu queira,
e que vós diga, que sim,
que eu me ponha assim, e assim
a jeito, e em boa maneira:
que descubra a dianteira,
e entregando o passarinho
lho metais devagarzinho,
pois qualquer mulher se sente,
que entre de golpe, mormente
Quem o tem apertadinho.

4

A mulher fonte de enganos
por melhor aproveitar-se
começa hoje a desonrar-se
e acaba de hoje a dez anos:
e já quando os desenganos
publicam com desafôgo
ser mais quente do que o fogo,
não se deixa revolver,
e por mais virgos[369] vender,
Não o quer aberto logo.

PINTURA GRACIOSA QUE FAZ DE UMA DAMA CORCOVADA.

DÉCIMAS

1

Laura minha, o vosso amante
não sabe, por mais que faz,
quando ides para trás,
nem quando para diante:

---

369. *Virgos*: (do lat. *virgo*) virgem (chula, a virgindade da mulher).

olha-vos para o semblante,
e vê no peito a cacunda,
é força, que se confunda,
pois olha para o espinhaço,
e vendo segundo inchaço,
o tem por cara segunda.

2

Com duas corcovas postas,
que amante não duvidara,
se tendes costas na cara,
se trazeis a cara às costas:
quem fizer sôbre isso apostas,
não é de as ganhar capaz,
que a vista mais perspicaz
nunca entre as confusas ramas
vê, se as pás trazeis nas mamas,
se as mamas trazeis nas pás.

3

Entre os demais serafins,[370]
que há ali de belezas raras,
só vós tendes duas caras,
e ambas elas mui ruins:
quem vos for buscar os rins,
que moram atrás do peito,
nunca os há de achar a jeito,
crendo, que adiante estão,
com que sois mulher, que não
têm avêsso, nem direito.

4

Vindo para mim andando,
cuido (como é cousa nova
trazer no peito a corcova)
que vos ides ausentando:

---

370. *Serafins:* ver nota 326.

cuido (estando-vos olhando
no peito o corcoz tremendo)
que às costas vos estou vendo:
e porque vos vejo assim
vir co'a giba para mim,
que as costas me dais, entendo.

5

A vossa corcova rara
deixe o peito livre, e cru,
ou crerei, que é vosso cu
parecido à vossa cara:
e se acaso vos enfara[371]
dar-vos por tão verdadeira
esta semelhante asneira,
por mais que vos descontente,
hei de crer, que é vossa frente
irmã da vossa traseira.

6

Um bem que tem vosso aleijão
mui útil, a quem vos ama,
e é, que haveis de dar na cama
mais voltas do que um pião:
se o pião de um só ferrão
voltando em giros continos[372]
dá gostos tam peregrinos,
vós pião de dois ferrões
sereis sem comparações
desenfado[373] dos meninos.

---

371. *Enfara:* (der. de *enfarar*) enfastiar, entediar; asco, repugnância, fastio.

372. *Continos:* ver nota 23.

373. *Desenfado:* divertimento, recreação.

A D. MARTA SOBRAL QUE SENDO-LHE PEDIDA AO POETA UMA ARROBA DE CARNE DE UMA VEZ,[374] QUE MATARA, RESPONDEU, QUE LHA FOSSE TIRAR DO OLHO DO CU.

DÉCIMA

Ó tu, ó mil vezes tu,
que se uma arrôba de vaca
te pedia, és tão velhaca,
que me ofreces[375] do teu cu:
essa carne a Bersabu[376]
a devias dar em pó,
a mim não, porque em meu pró
não me atrevo a escolher
nem teu cu pelo feder,
nem pelo podre o teu có.[377]

MOTE:

Duas horas o caralho

GLOSA

Fretei-me co'a tintureira,
mas dizem os camaradas,
que peca pelas estradas,
porque é puta caminheira:
fui contudo à capoeira,
porque faminto do alho
quis dar de comer ao malho:

---

374. *Vez:* está por rês.
375. *Ofreces*: está por ofereces.
376. *Bersabu*: ver nota 167.
377. *Có*: ver nota 104.

mas vi-lhe o cono[378] tão mau,
que tive como mingau
Duas horas o caralho.

MOTE:

As excelências do cono[379]
é ser bem grande, e papudo,
apertado, bordas grossas,
chupão, enxuto, e carnudo.

GLOSA

1

Com cachopinha[380] de gôsto
em cama de bom colchão,
nos peitinhos posta a mão,
e o pé no fincapé posto:
ajuntar rosto com rosto,
dormir um homem seu sono,
acordar, calcar-lhe o mono
já quase ao gorgolejar,
então é o ponderar
As excelências do cono.

2

Eu na minha opinião,
segundo o meu parecer,
digo, que não há foder,
senão cono de enchemão:
porque um homem com Sezão,[381]
inda sendo caralhudo,

---

378. *Cono*: ver nota 267.
379. *Cono*: ver nota 267.
380. *Cachopinha:* dim. de cachopa, moça, rapariga.
381. *Sezão:* ver nota 123.

meterá culhões, e tudo,
e assim mostra a experiência,
que do cono a excelência
É ser bem grande, e papudo.

3

É também conveniente,
que não tenha o parrameiro
a nota de ser traseiro,
e que seja um tanto quente:
que às vêzes mui facilmente
são tais as misérias nossas,
que havemos mister as môças
para regalo da pica
como cono de pouca crica,
Apertado, bordas grossas.

4

Mas a maior regalia,
que no cono se há de achar,
para que possa levar
dos conos a primazia
(êste ponto me esquecia)
para ser perfeito em tudo,
é nunca se achar barbudo,
por dar bom gôsto ao foder
como também deve ser
chupão, enxuto, e carnudo.

MOTE:

*O cono[382] é fortaleza,
o caralho é capitão,
os culhões são bombardeiros
o pentelho é o murão.*

---

382. *Cono:* ver nota 267.

GLOSA

1

O homem mais a mulher
guerra entre si publicaram,
porque depois que pecaram,
um a outro se malquer:
é como é de fraco ser
a mulher por natureza,
por sai bem desta emprêsa,
disse, que donde em rigor
o caralho é batedor,
O cono é fortaleza.

2

Neste Forte recolhidos
há mil soldados armados
à custa de amor soldados,
e à fôrça de amor rendidos:
soldados tão escolhidos,
que o General disse então,
de membros de opinião,
que assistem com tanto abono
na fortaleza do cono,
O caralho é capitão.

3

Aquartelaram-se então
com seu capitão caralho
todos no quartel do alho,
guarita do cricalhão:
e porque na ocasião
haviam de ir por primeiros,
além dos arcabuzeiros
os bombardeiros, se disse,
de que serve esta parvoíce?
Os culhões são bombardeiros.

4

  Marchando por um atalho
  este exército das picas,
  tôda a campanha das cricas
  se descobriu de um carvalho:
  quando o capitão caralho
  mandou disparar então
  ao bombardeiro culhão,
  que se achou sem bota-fogo,
  porém gritou-se-lhe logo,
  O pentelho é o murão.

Namorou-se do bom ar de uma crioulinha chamada Cipriana, ou Supupema, e lhe faz o seguinte.

ROMANCE

Crioula minha vida,
Supupema da minha alma,
bonita como umas flôres,
e alegre como umas páscoas.
Não sei que feitiço é êste,
que tens nessa linda cara,
a gracinha, com que falas.
O Garbo, com que te moves,
o donaire,[383] com que andas,
o asseio, com que te vestes,
e o pico, com que te manhas.
Tem-me tão enfeitiçado,
que a bom partido tomara
curar-me por tuas mãos,
sendo tu, a que me matas.

---

383. 383. *Donaire:* ver nota 278.

Mas não te espante o remédio,
porque na víbora se acha
o veneno na cabeça,
de que se faz a triaga.
A tua cara é veneno,
que me traz enfeitiçada
esta alma, que por ti morre,
por ti morre, e nunca acaba.

Não acaba, porque é justo,
que passe as amargas ânsias
de te ver zombar de mim,
que a ser morte não zombaras.
Tão infeliz sou contigo,
que a fim de que te agradara,
fôra o Bagre, e fôra o Negro,
que tinha as pernas inchadas.
Claro está, que não sou negro,
que a sê-lo tu me buscaras;
nunca meu Pai me fizera
branco de cagucho, e cara
Mas não deixas da querer-me,
porque sou branco de casta,
que se me tens cativado,
sou teu negro, e teu canalha.

A OUTRA DAMA QUE GOSTAVA DE O VER MIJAR.

SONÊTO

Inda que de eu mijar tanto gosteis,
que vos mijeis com riso, e alegria,
haveis de ver de siso inda algum dia,
porque de puro gôsto vos mijeis.

Então dêstes dois gostos sabereis,
qual é melhor, e qual de mais valia:
se mijares-vos na pedra fria,
se mijando eu tapar, que não mijeis.

A fé, que aí fiques desenganada,
e então conhecereis de entre ambos nós,
qual é melhor, mijar, ou ser mijada.

Pois se nós nos mijamos sós por sós,
havereis de festejar uma mijada,
porque eu a mijar entro dentro em vós.

A UMA DAMA QUE ESTAVA SANGRADA.

DÉCIMAS

1

Estava Clóris sangrada,
e Fábio, que a visitava
com ver, que sangrada estava
lhe deu logo outra picada:
ela tão aliviada
ficou, que se ergue da cama,
dizendo, bem haja a Dama
de Adônis,[384] cuja virtude,
quando me pica em saúde,
eu me sangro, êle derrama.

2

Como na veia acertou,
onde habita a saudade,
extinta a má qualidade,
a enfermidade acabou:

---

384. *Adônis:* (mit.) deus da beleza para os gregos.

nunca Galeno[385] alcançou
nas sangrias, que me aplica,
quando o ferro prejudica,
e eu curada com dieta
já sei, que pica a lanceta,
e sòmente sangra a pica.

3

Fábio me curou do mal,
que na cama lhe informei,
não com xarope de rei,
mas com régio cordial:
se se curar cada qual
sòmente com seu galante,
há de sarar num instante,
pois quando eu caio doentinha,
não hei mister mais meizinha,[386]
que a meu Mano se levante.

A UMA DAMA QUE MACHEAVA OUTRAS MULHERES.

MOTE:

Namorei-me sem saber
esse vício, a que te vás,
que a homem nenhum te dás,
e tomas tôda a mulher.

GLOSA

1

Fôste tão presta em matar-me
Nise, que não sei dizer-te,
se em mim foi o primeiro o ver-te,

---

385. *Galeno:* (médico grego, 130-208 a.C.) médico (pop.).
386. *Meizinha:* ver nota 124.

do que em ti o contentar-me
sendo fôrça o namorar-me
com tal pressa houve de ser,
que importando-me aprender
a querer, e namorar,
por mais me não dilatar
Namorei-me sem saber.

2

A saber como te amara,
menos mal me acontecera,
pois se mais te comprendera,
tanto menos te adorara:
a vista nunca repara,
no que dentro d'alma jaz,
e pois tão louca te traz
que só por Damas suspiras,
não te amara, se tu viras,
Êsse vício, a que te vás.

3

Se por Damas me aborreces
absorta em suas belezas,
a tua como a desprezas,
se é maior que as que apeteces?
se a ti mesma ti quizesses,
querendo, o que a mim me praz
seria eu contente assaz,
mas como serei contente,
se por mulheres se sente,
Que a homem nenhum te dás?

4

Que rendidos homens queres,
que por amôres te tomem?
se és mulher, não para homem,
e és homem para mulheres?
Qual homem, ó Nise, inferes,

que possa, senão eu, ter
valor para te querer?
se por amor nem por arte
de nenhum deixas tomar-te,
E tomas tôda a mulher!

A UM SUJEITO, QUE LHE MANDOU UM PERU CEGO, E DOENTE.

DÉCIMA

Mandou-me o filho da pu-
um peru cego, e doente,
cuidando, que no presente,
mandava todo o Peru:
alimpei com êle o cu,
e o botei na onda grata,
mas é tal o patarata,[387]
e o seu louco desvario,
que vendo o peru no rio,
diz que é o Rio da Prata.

A UMA DAMA QUE MANDANDO-SE COÇAR UM BRAÇO PELO SEU MOLEQUE, E SENTINDO QUE DAQUELE CONTATO SE LHE ENTESAVA O MEMBRO, O CASTIGOU.

DÉCIMAS

1

Corre por aqui uma voz,
e vem a ser o motivo,
Sílvia, que o vosso cativo

---

387. *Patarata*: ver nota 29.

se levantou para vós:
o caso é torpe, e atroz,
e quis, que a fama corresse
só para que se estendesse
pelo vosso braço, e mão,
que junto ao fogo o carvão
era fôrça, se acendesse.

2

Vós mandastes, que o moleque
vos fôsse o braço coçar,
e êle quis vos esfregar
mais que o braço, o sarambeque:
procedeu bem o alfaqueque,
se bem nisso se repara,
e eu o mesmo intentara,
se me vira nesses passos,
que isto de chegar a braços,
bem sabeis vós, no que pára.

3

Vós estendestes a mão,
e chegando-lha a barguilha
entre virilha, e virilha
topastes um camarão:
ia entrando no tesão
o coitado do negrete,
e porque vós em falsete
tal grito lhe levantastes,
como fogo lhe afastastes,
apagou-se-lhe o pivete.

4

Se outra vez vos der a tosse
de coçar a comichão,
não chameis o negro não,
coçai-vos, com que vos coce:
e se estais já sôbre posse,
ou vos não podeis mexer,

deixai a sarna a comer,
pois bem sabeis, que há de andar
atrás do comer coçar,
e atrás do coçar foder.

Encontro que tiveram dous namorados.

> Mote:
> *Pica-me, Pedro, e picar-te-ei*

GLOSA

1

Jogando Pedro, e Maria
os piques sôbre a merenda,
vi pois, que sôbre a contenta
Maria picar queria:
ela, que a Pedro entendia
disse então: aqui-d'El-Rei:
pica-me, Pedro, e picar-te-ei.

2

Abrasado, em vivo fogo
Pedro, que o jôgo sabia,
disse, eu te pico, Maria,
porque tu me piques logo:
disse ela, pois o teu fogo
é dos melhores, que achei,
pica-me, Pedro, e picar-te-ei.

3

Picou Pedro, e de feição,
que a Maria fêz saltar:
quis ela também picar,
pois que assim picado a hão:
picados ambos estão:
diz Maria o jôgo sei,
Pica-me, Pedro, e picar-te-ei.

4

   Pedro, que já se enfadava
de picar, queria erguer-se;
Maria quis mais deter-se,
porquanto picada estava:
disse, ela, que então gostava
do jôgo, que lhe ensinei:
Pica-me, Pedro, e picar-te-ei.

A QUATRO NEGRAS QUE FORAM BAILAR GRACIOSAMENTE A CASA DO POETA MORANDO JUNTO AO DIQUE.

DÉCIMA

   Catona, Ginga, e Babu,
com outra pretinha mais
entraram nestes palhais
não mais que a bolir co cu:
eu vendo-as, disse, Jesu,
que bem jogam as cambetas!
mas se tão lindas violetas
costuma Angola brotar,
eu hoje hei de arrebentar,
se não durmo as quatro Pretas.

ERA DESTA MULATA BASTANTEMENTE DESAFORADA E O POETA, QUE A NÃO PODIA SOFRER LHE CANTA A MOLIANA.

DÉCIMAS

1

   Caquenda, o vosso jacó[388]
me deu com risa não pouca

---

[388]. *Jacó*: ou Jacob, patriarca hebreu bíblico, teve 12 filhos que fundaram Israel. Aqui, no sentido de protetor.

notícias da vossa bôca,
e tão bem do vosso có:[389]
diz, que está tornando um Jó[390]
pobre, podre, e lazarento:[391]
porque quando o barlavento[392]
navegava o vosso charco,
sempre enjoou nesse barco
por ser muito fedorento.

2

Afirma, que a vossa quilha
em chegando a dar a bomba,
se muito vos fede a tromba,
muito vos fede a cavilha:
a mim não me maravilha,
que exaleis êsses vapôres,
porque se os cheiros melhores
caçoula[393] formam conjuntos,
de muitos fedores juntos
nasce o fedor dos fedores.

3

Triste da bôca enganada,
que sendo vossa cativa,
quando convosco mais priva
então beija uma privada:
vós não sois não desdentada,
com que o fedor vos não toca:

---

389. *Có:* ver nota 104.

390. *Jó:* ou Job, personagem bíblico, conhecido por sua piedade e resignação. Homem rico, fiel a Deus, foi posto à prova de suas virtudes, ao perder suas riquezas, passar por doenças e sofrimento. Dizia: "O Senhor me deu, o Senhor me tirou". Foi assim recompensado por Deus, mais tarde.

391. *Lazarento:* esfomeado, famélico; desgraçado, miserável.

392. *Barlavento:* bordo da embarcação voltado para a direção de onde o vento sopra.

393. *Caçoula:* vaso em que se queimam perfumes; peça náutica.

porém isso me provoca
a ver, se o fedor acaso
vai da bôca para o vaso,
se do vaso para a bôca.

4

Isto suporto, é o caso,
a querer, e namorar,
que a natureza vos troca
o bacalhau para a bôca,
o mau bafo para o vaso:
eu me consumo, e me abraso,
por saber, minha Brasica,
com isto se comunica,
ou como vos não faz míngua
fornicar-vos pela língua,
e beijar-vos pela crica.

5

Fedendo em baixo, e em cima,
que sois má casa, receio,
e quem viver nesse meio,
inda assim cresce em mau clima:
de cima o fedor lastima,
de baixo sobem maus fumos, e
entre tão ruins perfumos,
dirá o triste gazul,
pois fedeis de Norte a Sul,
que fedeis de ambos os rumos.

6

Como o sêmen, que entornais,
dá fedores tão ruins,
é de crer, que lá nos rins
algum bacio guardais:
e pois tanto tresandais,
quando remolhando as botas
as dais aos sons das cachotas,

tendo por remédio são,
que tomeis, as que vos dão,
mas vós a ninguém deis gôtas.

7

Se a bôca vos fede a caca,[394]
e tanto puta, fedeis,
eu creio, que descendeis
de alguma Jaratacaca:[395]
sôbre sêres tão velhaca,
que não há pobre despido,
que vos não tenha dormido,
Jaratacaca bufais,
e quando vós fornicais,
deixais o membro aturdido.

8

Fedeis mais que um bacalhau,
e prezai-vos de atrevida,
como que se a vossa vida
não fôra sujeita a um pau:
olhai, não vos dê o quinau[396]
um Mina[397] de cachaporra,
que um cão morde uma cachorra,
e se em ser puta vos fiais,
sois puta, que tresandais,
e enfastiais tôda a porra.

---

394. *Caca:* excremento (gíria).

395. *Jaratacaca:* mamífero carnívoro, da família dos mustelídeos. É provido de uma glândula anal que secreta e faz projetar, como defesa, um líquido fétido, irritante e nauseante (sin., maritafede, cangambá).

396. *Quinau:* passar à frente de; adiantar-se a, sobrelevar.

397. *Mina:* indivíduo dos minas, casta de negros do grupo sudanês; preto-mina.

COMO ESTA NENHUM CASO FEZ DO POETA DIVERTIDA COM OUTROS DE SUA QUALIDADE, LHE DESANDA COM ESTES.

EPÍLOGOS

1

   Quem deu à Pomba feitiços? ... Mestiços
   E quais são seus objetos? ... Prêtos
   Quais dêles lhe são mais gratos? ... Mulatos.
       É logo de cães e gatos
       a Pemba por seu desdouro,
       Pois lhe vão somente ao couro
       Mestiços, Prêtos, Mulatos.

2

   Que são da testa as carcomas?[398] ... Gomas
   Ela diz que são vertiges ... Impiges
   E lá dentro das alcobas[399] ... Bôbas,
       Bem merece um par de sobas,[400]
       pois com quantos se pespega,
       cada qual dêles lhe pega
       Gomas, Impiges, e Bôbas.

3

   Ela é bandarra, e airosa ... Gulosa
   Mas é linda sem disputa ... Puta
   Nenhuma parte a abona? ... Mijona.
       Dai vós ao demo a putona,
       a quem o mesmo diabo

---

398. *Carcoma:* O mesmo que *caruncho;* designação de insetos coleópteros que perfuram madeira, e cereais (sin., carneiro, gorgulho, bruco, carpinteiro; o pó que resulta destes insetos. Fig., desfazer, corroer, destruir lentamente).
399. *Alcobas:* por alcovas (?).
400. *Sobas:* (do quimb. *soba*) chefe de tribo africana.

lhe chama por menoscabo[401]
Gulosa, Puta, Mijona.

4

Quem a leva ao Quicauabo? ... o Diabo
Lá tem o amigo vinagre ... Bagre
E quem lhe leva o balaio? ... o Cambaio
    Por isso vai como um raio
    uma légua caminhando,
    porque a vão acompanhando
    Diabo, Bagre, Cambaio.

5

Quem lhe despeja o alforje? ... o Jorge
Outro há, com quem mais me aturdo ... o Surdo
E outro mais de quando em quando ... o Quibando
    Não vi putão mais nefando,
    pois todos seus sarambeques
    vai fazer com três moleques
    o Jorge, o Surdo, o Quibando.

6

Que lhe dão tão fracas linhas? ... Sardinhas
Nenhuma coisa mais quis ... Siris
Por tão pouco tantas bulhas? ... Agulhas.
    Eu creio que isto são pulhas,
    que negra de entendimento
    não toma por pagamento
    Sardinhas, Siris, e Agulhas.

7

Ela tem Jorge escolhido ... Por marido
E demais o quer com figo ... Por amigo
Êle diz, que há de ser fôrro ... Por cachorro.
    Eu de ouvir isto me morro,
    pois ela o negrinho quer
    para o mesmo tempo ser
    Marido, Amigo, e Cachorro.

---

401. *Menoscabo:* ato ou efeito de menosprezo; ter pouca consideração, desprezar.

AGRADA-SE DOS DONAIRES DE UMA CABRINHA DO PADRE
SIMÃO FERREIRA E LHE FAZ O SEGUINTE.

ROMANCE

Córdula da minha vida,
Mulatinha da minha alma,
lêda[402] como as aleluias,[403]
é garrida[404] como as Páscoas.
Valha-te Deus por cabrinha,
Valha-te Deus por Mulata,
e Valha-me Deus a mim,
que me meto em guardar cabras.
Quando te apolego[405] as tetas
como uns marmelos inchadas,
me dão tentações, porque
cuido, que são marmeladas.
Tu me matas de donzelas
porque, Córdula, te gabas
de virgo,[406] sendo que Virgo[407]
nunca em Capricórnio[408] anda.
Passei pela tua porta,
estava junto da casa,
chamei-te, achei-te cortês,
vieste, e fôste tirana.
Porque apenas to perdi,

---

402. *Leda:* fem. de ledo; risonho, contente, alegre, jubiloso.
403. *Aleluias:* o sábado da Ressurreição de Cristo. O tempo de Páscoa.
404. *Garrida*: alegre, brilhante, vivo.
405. *Apolego:* de abolar, amassar, machucar.
406. *Virgo:* ver nota 369.
407. *Virgo:* constelação zodiacal (sexta a partir de Áries) com 110 estrelas.
408. *Capricórnio:* décima constelação do zodíaco, situada no hemisfério sul.

quando me viraste a cara,
e co cabaço, que finges,
me deste mil cabeçadas.
Enfim me destes o sim,
com que creio, que me enganas,
porque se há xinxim[409] de brancas,
tu és o xinxim das cabras.
Por esta cara te juro,
que em dando-te a virotada,
me há de rondar pela porta,
me hás de puxar pela capa.

Queixa-se finalmente de achar todas as damas menstruadas.

ROMANCE

Que têm os menstros[410] comigo?
ordinários, que me querem,
que de ordinário me matam,
e a cada hora me perseguem?
Estive os dias passados
esperando por um frete,
tardou, não veio, enganou-me,
costumes de más mulheres.
Fui logo saber a causa,
e no caminho lembrei-me
de fazer êste discurso,
que é cousa, em que lido sempre.

---

409. *Xinxim:* (de or. afr.) guisado de galinha ou de outra carne, com sal, cebola e alho, ralados, a que se adicionam azeite de dendê, camarões secos, amendoins e castanha de caju moídos.

410. *Menstros:* por mênstruo (do lat. *menstruu),* fluxo sanguíneo, em regra mensal, através das vias genitais da mulher.

Esta mulher me faltou;
aposto, que há de dizer-me
que está um disciplinante
desde o joelho té o ventre?
Meu dito, meu feito: fui,
entrei, e ao ver-me presente
me disse logo a velhaca
carinhosamente alegre:
Ai, meu Senhor da minha alma
nada pode hoje fazer-se
dei palavra ontem de tarde,
e a noite me veio ele.
Quem é ele? perguntei;
faz você, que não me entende?
disse ela; que há de ser?
o hóspede impertinente.
Um hóspede, que nas luas
me visita, e me acomete
com tal fúria, que me põe,
de sangue um rio corrente.
Estou-me esvaindo já,
em borbotões tão perenes;
que pelas pernas descendo,
ambos os talões me enche.
Botei pela porta fora,
e no primeiro casebre
me colhi de uma putaina
mais negra do que um pivete[411]
Entrei pela porta dentro,
fui para a cama, e deitei-me,
que as negras também têm cama,
se são putas macatrefes.
Chamei-a, acudiu-me logo,
e me disse cortêsmente,

---

411. *Pivete:* substância aromática que se queima para perfumar.

não estou para deitar-me,
bastará, que me atrevesse.
Atravessou-se-me aos pés,
e ficou como uma serpe,[412]
coxim[413] para os meus coturnos,
para o meu corpo alicerce
Olhei para a negra então,
e disse comigo os meses
contra mim se deram de ôlho,
pois tão juntos me perseguem
Não era o discurso feito
quando me disse "ecce"
mostrou-me a fralda com sangue
mais negro do que uma peste.
Pus-me logo no pedrado,
e comecei-me a benzer-me
do diabo, que em figura
de Ordinário me persegue,
Fui-me para a minha casa,
e no dia subseqüente
me escreveu certa Senhora,
fui logo obedecer-lhe,
fiz-lhe a visita na sala
e fomos para o retrete[414]
Vi ali a sua cama,
vinha cansado, deitei-me,
e deitou-se ela comigo,
de que fiquei mui contente
Mas na mão que lhe corria
junto já do sarambeque,[415]

---

412. *Serpe:* por serpente.
413. *Coxim:* almofada que serve de assento; descanso.
414. *Retrete:* (em des.) a parte mais retirada de uma habitação, retiro.
415. *Sarambeque:* (gir.) órgão sexual da mulher, vagina.

me agarrou ela, e me disse
tá, que estou porca doente
Valha-me a Virgem Maria,
que achaque pode ser êste?
Aluada estou, (disse ela)
mas em meu juízo sempre.
Fiquei tão desesperado
que se ela me não promete
de estar boa ao outro dia,
não chegara a outros meses
Que têm os menstros comigo?
Que casta de achaque é êste
que nunca a ninguém matou
Quando de contino[416] fere?
A quem sucede no mundo
isto, que a mim me sucede?
pois três meses me passaram
dentro em dois dias sòmente?
Que contrato fêz a lua
de arrendamento a mulheres,
Para lhe estarem pagando
a Pensão todos os meses?
Tornei lá outro dia,
e achei a pobre doente
mui sêca para a visita,
mui úmida para o frete.
Vim, e fui terceira vez,
e se fôra três mil vezes,
co'a a mesma sangria achara,
e cos mesmos acidentes
Despedi-me da mulher
daqui para todo o sempre,
e vendo-a passada entonces[417]

---

416. *De contino:* ver nota 23.
417. *Entonces:* (esp.) então.

lhe disse os males presentes.
Vicência, discreta sois,
mas não sei, se me entendestes,
para uma vida tão curta
duram muito os vossos meses.

THOMAZ PINTO BRANDÃO ESTANDO PRESO POR INDÚSTRIA DE CERTO FRADE: AFOMENTADO NA PRISÃO POR SEUS DOIS IRMÃOS APELIDADOS O FRISÃO E O CHICÓRIA EM VÉSPERAS, QUE ESTAVA O POETA DE IR PARA ANGOLA.

SONÊTO

É uma das mais célebres histó-,
A que te fêz prender, pobre Tomá-,
Porque todos te fazem degradá-,
Que no nosso idioma é para Angó-.

Oh se quisesse o Padre Santo Antô-,
Que se falsificara êste pressá-,
Para ficar corrido êste Frisá-,
E moído em salada êste Chicó-.

Mas ai! que lá me vem buscar Mati-,
Que nestes casos é peça de lé-;
Adeus meu camarada, e ami-.

Que vou levar cavalos a Bengué-,
Mas se vou a cavalo em um navi-,
Servindo vou a El-Rei por mar, e té-.

Embarcado já o poeta para o seu degredo, e postos os olhos na sua ingrata pátria lhe canta desde o mar as despedidas.

ROMANCE

Adeus praia, adeus Cidade,
e agora me deverás,
Velhaca, dar eu adeus,[418]
a quem devo ao demo dar.
Que agora, que me devas
dar-te adeus, como quem cai,
sendo que está tão caída,
que nem Deus te quererá.
Adeus Povo, Adeus Bahia,
digo, Canalha infernal,
e não falo na nobreza
tábula,[419] em que se não dá.
Porque o nobre enfim é nobre,
quem honra tem, honra dá,
pícaros dão picardias,
e inda lhes fica, que dar.
E tu, Cidade, és tão vil,
que o que em ti campar,[420]
não tem mais do que meter-se
a magano, e campará.
Seja ladrão descoberto
qual águia imperial,
tenha na unha o rapante,[421]

---

418. *Velhaca, dar eu adeus:* JMW registra "a Deus velhaca, dar eu".

419. *Tábula:* (do lat. *tabula*) pequena peça redonda, geralmente de osso ou de marfim, usada em vários jogos.

420. *Campar:* ufanar-se, vangloriar-se, gabar-se.

421. *Rapante:* em heráldica, diz-se dos animais que no brasão estão representados escarvando o solo. No sentido popular, o termo significa roubar, rapinar.

e na vista do perspicaz.
A uns compre, a outros venda,
que eu lhe seguro o medrar,
seja velhaco notório,
e tramoeiro fatal.
Compre tudo, e pague nada,
deva aqui, deva acolá
perca o pejo, e a vergonha,
e se casar, case mal.
Com branca não, que é pobreza,
trate de se mascavar;[422]
vendo-se já mascavado,
arrime-se a um bom solar.
Porfiar em ser fidalgo,
que com tanto se achará;
se tiver mulher formosa,
gabe-se por êsse poiães.[423]
De virtuosa talvez,
e de entendida outro tal,
introduza-se no burlesco,
nas casas, onde se achar.
Que há Donzela de belisco,
que aos punhos se gastará,
trate-lhes um galanteio,
e um frete, que é o principal.
Arrime-se a um poderoso,
que lhe alimente o gargaz,[424]
que há pagadores na terra,

---

422. *Mascavar:* (de mascavo, açúcar não refinado) no fig. falsificar, adulterar, disfarçar. JMW registra o sentido de miscigenar-se.

423. *Poiães:* derivado de poial (poio), assento de pedra na entrada de uma casa, junto às paredes e nos muros das entradas. JMW registra poias.

424. *Gargaz:* segundo JMW está por gargau, "lugar onde come o peixe-boi; no texto, alimentar o gargaz, sustentar".

tão duros como no mar.
A êstes faça alguns mandados
a título de agradar,
e confessando o desigual.
Intime-lhe a fidalguia,
que eu creio, que crerá,
porque fique ela por ela,
quando lhe ouvir outro tal.
Vá visitar os amigos
no engenho de cada qual,
e comendo-os por um pé,
nunca tire o pé de lá.
Que os Brasileiros são bêstas,
e estarão a trabalhar
toda a vida por manter
maganos[425] de Portugal.
Como se vir homem rico,
tenha cuidado em guardar,
que aqui honram os mofinos,
e mofam dos liberais.
No Brasil a fidalguia
no bom sangue nunca está,
nem no bom procedimento,
pois logo onde pode estar?
Consiste em muito dinheiro,
e consiste em o guardar,
cada um o guarde bem,
para ter que gastar mal.
Consiste em dá-los a maganos,
que o saibam lisonjear,
dizendo, que é descendente
da casa do vila Real.
Se guardar o seu dinheiro,

---

425. *Magano*: ver nota 163.

onde quiser, casará:
os sogros não
querem homens,
querem caixas de guardar.
Não coma o Genro, nem vista
que êsse é genro universal;
todos o querem por genro,
genro de todos será.
Oh assolada veja eu
Cidade tão suja, e tal,
avesso de todo o mundo,
só direita se entortar.
Terra, que não parece
neste mapa universal
com outra, ou são ruins tôdas,
ou ela somente é má.

DESCREVE O POETA A CIDADE DO RECIFE EM PERNAMBUCO.

SONÊTO

Por entre o Beberibe,[426] e o Oceano
Em uma areia sáfia,[427] e lagadiça
Jaz o Recife povoação mestiça,
Que o belga edificou ímpio tirano.

O Povo é pouco, e muito pouco urbano,
Que vive a mercê de uma lingüiça,
Unha[428] de velha insípida enfermiça,
E camarões de charco em todo o ano.

---

426. *Beberibe:* rio que atravessa a cidade do Recife.
427. *Sáfia:* forma feminina de *sáfio* (do esp. *zafio*, de or. ár.), que não merece confiança.
428. *Unha:* presunto, segundo SS.

As damas cortesãs, e por rasgadas[429]
Olhas[430] podridas são, e pestilências,
Elas com purgações, nunca purgadas.

Mas a culpa têm vossas reverências,
Pois as trazem rompidas, e escaladas[431]
Com cordões, com bentinhos, e indulgências.

DESCREVE A PROCISSÃO DE QUARTA-FEIRA DE CINZA EM PERNAMBUCO.

SONÊTO

Um negro magro em sufilié[432] mui justo,
Dous azorragues[433] de um Joá pendentes,
Barbado o Peres, mais dous penitentes,
Com asas seis crianças sem mais custos.

De vermelho o Mulato mais robusto,
Três meninos Fradinhos inocentes,
Dez, ou doze Brichotes[434] mui agentes,[435]
Vinte, ou trinta canelas de ombro onusto,

Sem débita reverência seis andores,
Um pendão de algodão tinto em tejuco,
Em fileiras dez pares de Menores:

---

429. *E por rasgadas:* JMW registra "e mui rasgadas" francas, liberais; *rasgada* deriva de *rasgo* (pop.), desembaraçado, enérgico, expedito.
430. *Olhas:* caldo feito com diversos tipos de carnes, legumes e hortaliças.
431. *Escaladas*: JMW registra "tão rompidas e escaladas". Segundo SS, *escaladas* significa murmuradas, faladas.
432. *Sufilié:* segundo SS, designação de certo tipo de tecido da época.
433. *Azorragues:* (fig.) flagelo, castigo, suplício.
434. *Brichotes:* ver nota 178.
435. *Agentes:* ativos, segundo JMW.

Atrás um negro, um cego, um Mamaluco[436]
Três lotes de rapazes gritadores,
É a procissão de cinzas em Pernambuco.

NICOLAU DE TAL PROVEDOR DA CASA DA MOEDA EM LISBOA, QUE SENDO BEM-VISTO D'EL REY DOM PEDRO II ENCONTRAVA OS REQUERIMENTOS DO POETA; O QUAL ENFADADO DAS SUAS DEMASIAS LHE SACUDIU O CAXEIRO DESTA.

SÁTIRA

Marinículas[437] todos os dias
O vejo na sege passar por aqui
Cavalheiro de tão lindas partes
Como *verbi gratia*[438] Londres, e Paris.

Mais fidalgo que as mesmas estrêlas,
Que às doze do dia viu sempre luzir,
Porque o Pai,[439] por não sei que desastre,
Tudo, o que comia, vinha pelo giz.[440]

Peneirando-lhe os seus avolórios[441]
É tal a farinha do Ninfo gentil,
que por machos é sangue Tudesco,
Porém pelas fêmeas humor meretriz.

---

436. *Mamaluco:* ver nota 75.

437. *Marinículas:* trocadilho que envolve o termo Marini, de Giambattista Marini (1569-1625), poeta italiano de estilo afetado e preciosista com "maricas", gír. para efeminado(?).

438. *Verbi gratia:* (lat.) por exemplo.

439. *Porque o Pai:* JMW registra "Que seu pai..."

440. *Vinha pelo giz:* segundo JMW "sendo alfaiate o pai (sastre) ganhava sua subsistência trabalhando com o giz".

441. *Avolórios:* relativos a avós.

Um avô, que rodou esta Côrte
Num coche de quatro de um D. Bleaniz
Sôbre mulas foi tão atrativo,
Que os senhores[442] todos trouxe após de si

Foi um grande verdugo de bêstas,
Que com um azorrague[443] e dous borzeguins[444]
Ao compás dos maus passos, que dava,[445]
Lhes ia cantando o lá sol fá mi.

Marinículas era muchacho[446]
Tão grande rabaceiro de escumas de rim,[447]
Que jamais para as toucas olhava,
Por achar nas calças melhor fraldelim.[448]

Sendo já sumilher de cortina[449]
De um sastre[450] de barbas saiu aprendiz,
Dado só às lições de canudo
Rapante da espécie de pica viril.

---

442. *Que os senhores:* JMW registra "que as senhoras todas trouxe atrás de si".

443. *Azorrague:* açoite, chicote.

444. *Borzeguins:* (do neerl. *broseken* "sapatinho", atr. do fr. ant. *brosequin*) botina, cujo cano é fechado com cordões.

445. *Que dava:* JMW registra "que davam".

446. *Muchacho:*(do esp. *muchacho*) rapaz.

447. *Rabaceiro de escumas de rim:* rabaceiro está no sentido de pândego, brejeiro; indivíduo que come e bebe muito. *Escuma,* borra ou escória à superfície de um líquido. No fig., ralé.

448. *Fraldelim:* (der. de fralda) vestuário feminino (um tipo de saia interna, anágua, saiote. JMW registra "fraldelim").

449. *Sumilher de cortina:* sumilher (do cast. *sumilher*) indivíduo que temo cargo de *reposteiro* da capela ou paço real. *Reposteiro* – encarregado da cortina ou peça de estofo que cobre as partes interiores de ambiente religioso ou real. JMW registra a nota de Moraes – "eclesiásticos fidalgos, que correm a cortina da Tribuna del Rei na Capela Real, e fazem outras coisas do serviço dela".

450. *Sastre:* alfaiate.

Cabrestilhos tecendo em arame
Tão pouco lucrava no pátrio País,
Que se foi, dando velas ao vento,
Ao reino dos servos, nas mais que a servir.[451]

Lá me dizem, que fêz carambola[452]
Com certo Cupido,[453] que fôra daqui
Empurrado por umas Sodomas[454]
No ano de tantos em cima de mil.

Por sinal, que no sítio nefando
lhe pôs a ramela de ôlho servil
Um travêsso, porque de caveira
A seus cus servisse aquêle âmbar gris.

Mordeduras de perro raivoso
Com pêlo se cria[455] do mesmo mastim,
E aos mordidos do rabo não pode
O sumo do rabo de cura servir.

Tanto enfim semeou pela terra,
Que havendo colhido bastante quatrim,[456]
Resolvendo-se a ser a Piratanda,[457]
Cruzou o salobre, partiu o Zenith.[458]

Avistando êste nosso hemisfério
Colou pela barra em um bergantim,

---

451. *Nas mais que a servir:* JMW registra "não mais que a servir".

452. *Carambola:* embuste, trapaça.

453. *Cupido:* ver nota 38.

454. *Sodomas:* ver nota 82.

455. *Com pêlo se cria:* JMW registra "Co'o pêlo de curam".

456. *Quatrim:* (do esp. *cuatrín*) pequena moeda antiga, de pouco valor.

457. *Piratanda*: JMW registra "Perotangas".

458. *Zenith:* (do ár. *samt* "caminho direito") ponto celeste, na direção da vertical ao ponto de observação (astr.); auge, apogeu (fig.).

Pôs em terra os maiores joanetes,
Que viram meus olhos depois que nasci.

Pertendendo[459] com recancanilhas
Roubar as guaritas de um salto sutil
Embolsava com alma de gato
A risco do sape[460] dinheiro do miz.[461]

Senão quando na horta do Duque,
Andando de ronda um certo malsim,[462]
Estremando-lhe um cão pexilingre[463]
O demo do gato deitou o ceitil,[464]

Marinículas vendo-se entonces[465]
De todo expulgado sem maravedim,[466]
Alugava rapazes ao povo,
Por ter de caminho, de quem se servir.

Exercendo-se em jogos de mãos
Tão lestos andavam do destro Arlequim[467]
Que se não lhes tirara a peçonha,[468]
Ganhara com êles dous mil potosis.[469]

---

459. *Pertendendo:* por pretendendo.

460. *Sape:* interjeição usada para afugentar gatos.

461. *Miz*: por mis.

462. *Malsim:* (do hebr. *malxin,* "delator", talvez pelo esp. *malsín*) espião, denunciante, delator.

463. *Estremando-lhe um cão pexilingre:* JMW registra "Estumando-lhe um cão pechelingue"; *pechelingue,* corsário, pirata.

464. *Deitou o ceitil:* JMW registra "botou o ceitil"; pôr para fora, expelir à força (o dinheiro roubado).

465. *Entonces:* (esp.) então.

466. *Maravedim* por *maravedi: ver* nota 325.

467. *Tão lestos andavam do destro Arlequim:* JMW registra "tão lestos os tinha o destro arlequim".

468. *Peçonha:* fig., malícia, maldade.

469. *Potosis:* antiga moeda espanhola.

A tendeiro se pôs de punhetas,
E na tabuleta mandou esculpir
Dous cachopos,[470] e a letra dizia
Los ordeñadores se alquilan aqui.[471]

Tem por mestre do têrço fanchono[472]
Um pajem de lança, que Marcos se diz,
Que se ao rabo por casa anda dêle,
o traz pelas ruas ao rabo de si.

Uma tarde, em que o Perro Celeste
Do sol acossado se pôs a latir,
Marinículas estava com Marcos
Limpando-lhe os moncos de certo nariz.

Mas sentindo ruído na porta,
Adonde batia um Gorra[473] civil,
Um, e outro se pôs de fugida
Temiendo los dientes de algun Javali.[474]

Era pois o Baeta travêsso
Que se um pouco dantes aportara ali,
Como sabe latim o Baeta,
Pudiera cogerlos en un mal Latin.[475]

---

470. *Cachopos:* pop., rapazes.

471. *Los ordeñadores se alquilan aqui:* (esp.) Os ordenhadores se alugam aqui.

472. *Fanchono:* homossexual.

473. *Gorra:* camarada, comparsa; de camaradagem, sociedade. JMW registra gorra civil – pessoa não policial".

474. *Temiendo los dientes de algun Javali:* (esp.) temendo os dentes de algum Javali.

475. *Pudiera cogerlos en un mal Latin:* (esp.) poderia colhê-los em um mau Latim. Fig., poderia surpreendê-los, pegá-los com "a boca na botija".

Ao depois dando dêle uma fôrça
Às alcoviteiras do nosso confim,
Lhe valeu no sagrado da Igreja
O nó indissolúvel de um rico Mongil.[476]

Empossado da simples consorte
Cresceu de maneira naqueles chapins,[477]
Que inda hoje dá graças infindas
Aos falsos informes de *quis quid vel qui*[478]

Não obstante pagar de vazio
O santo Himeneu[479] o pícaro vil,
Se regala a ufa[480] do sogro
Comendo, e bebendo como um Muchachim.[481]

Com chamar-se prudente com todos,
Que muitos babosos o têm para si,
Êle certo é meu desenfado,
Que um tôlo prudente dá muito que rir.

É dotado de um entendimento
Tão vivo, e esperto, que fôra um Beliz,
Se lhe houvera o juízo ilustrado
Um dedo de Grego, com dous de Latim.

---

476. *Mongil:* túnica larga, utilizada pelas mulheres (ant.); segundo JMW, "nó indissolúvel de um rico mongil": casamento por interesse.

477. *Chapins:* antigos coturnos, usados nas representações de tragédias, realçando quem os usava. Fig., "prestígio derivado do casamento e de ascensão social" (JMW).

478. *Quis quid vel qui:* levantamento de dados e antecedentes dos noivos que precede o casamento.

479. *Santo Himeneu:* "Não contribuir para a festa nupcial" (JMW).

480. *A ufa:* à custa alheia.

481. *Muchachim:* (dim. de *muchacho*, esp., "rapaz") rapaz que ia nas procissões, dançando, com panos variados.

Entre gabos o triste idiota
Tão pago se mostra dos seus gorgutiz,[482]
que nascendo sendeiro[483] de gema,
Quer à fina fôrça meter-se a rocim[484]

Deu agora em famoso arbitrista,
E quer por arbítrios o bruto Malsim,
Que o vejamos subir à excelência,
Como diz, que vimos Montalvão subir.

Sendo pois o alterar da moeda
o assôpro, o arbítrio, o ponto, e o ardil,
de justiça (a meu ver) se lhe devem
as honras, que teve Ferraz, e Soliz,

Dêem com ele no alto da fôrça,
Adonde o Fidalgo terá para si,
Que é o mais estirado de quantos
Beberam no Douro,[485] mijaram no Rhim.[486]

Seu intento é bater a moeda,[487]
Correrem-lhe gages,[488] e ser Mandarim,[489]

---

482. *Gorgutiz*: JMW sugere "estará por *gorgoli*, instrumento para esfriar o fumo do cachimbo(?)".
483. *Sendeiro:* cavalo de carga, robusto, mas pouco encorpado. Usado para serviços pesados.
484. *Rocim:* cavalo pequeno e/ou fraco ou magro (por ext., usado para serviços leves).
485. *Douro:* rio que separa Portugal e Espanha (curso de 640km).
486. *Rhim:* Reno, rio da Europa, que nasce nos Alpes (curso de 1.400 km).
487. *Bater a moeda:* cunhar moeda.
488. *Gages*: (do fr. *gage*) port. ant., lucro.
489. *Mandarim*: alto funcionário público na antiga China.

Porque andando a moeda na forja
Se ri de Cuama,[490] de Scena,[491] e de Ofir.[492]

Sempre foi da moeda privado,
Mas vendo-me agora Senhor, e Juiz,
Condenando em portais a moeda
Abriu às unhadas[493] porta para si.

Muito mais lhe rendeu cada palmo
Daquela portada, que dous potosis.[494]
Muito mais lhe valeu cada pedra,
Que vale um ochavo de Valladolid.[495]

Pés de pugas[496] com topes de sêda,
Cabelos de cabra em pós[497] de marfim,
Pés, e pugas de rir o motivo,[498]
Cabelos, e topes motivos de rir,

Uma tia, que abaixo do muro
Lanções[499] esquarteja, me dizem, que diz,

---

490. *Cuama:* rio de Moçambique (125km de curso). Vasco da Gama o chamou de "Rio dos Bons Sinais".

491. *Scena*: por Sena, rio da França que banha Paris (curso 800km).

492. *Ofir:* região da África (onde Salomão mandava buscar ouro; bíbl.).

493. *Abriu às unhadas:* de maneira desonesta (unha, roubo).

494. *Potosis:* fig., grande fonte de riqueza, relat. a Potosi, cidade da Bolívia rica em minas de prata.

495. *Ochavo de Valladolid: ochavo* (do esp. *ocho*, "oito"), oitavo; *Valladolid* cidade da Espanha, capital da província que leva seu nome. JMW sugere "moeda espanhola?".

496. *Pés de pugas:* JMW registra "pés de puas".

497. *Em pós:* JMW registra "com pós".

498. *Pés, e pugas de rir o motivo*: JMW registra "Pés e puas de riso motivo".

499. *Lanções:* segundo JMW, "lençaria que cobre os colchões".

Sua Alteza (sem ver meu Sobrinho)
A nada responde de não, ou de sim.

Pois a Prima da Rua do Saco
Tão bem se reputa de todos ali,
Que a furaram como valadouro[500]
Para garavato de certo candil.[501]

Outras tias me dizem, que tinha
Tão fortes galegas, e tão varonis,
Que sôbre elas foi muita mais gente
Que sôbre as Espanhas no tempo do Cid.[502]

Caterina conigibus[503] era
Uma das Avós[504] da parte viril,
Donde vem conicharem-se todos[505]
As conigibundas do tal generiz.[506]

Despachou-se com hábito, e tença[507]
por grandes serviços, que fêz ao sofi,

---

500. *Valadouro:* JMW registra "velador"; suporte onde se enfia a vela.

501. *Garavato de certo candil: garavato,* pau com um gancho, numa das extremidades, *candil*, candeia, chama.

502. *Espanha no tempo do Cid:* referência à invasão moura ao território espanhol, combatida por Rodrigo ou Ruy Diaz de Bivar, o Cid Campeador.

503. *Conigibus:* trocadilho latinório de GM com o termo cono, vagina.

504. *Uma das Avós:* JMW registra "uma das avôas".

505. *Conicharem-se todos: conicharem-se* (de forma cônica?), fig., abrigo? JMW registra "todas".

506. *Generiz:* por Gênesis, geração, origem.

507. *Tença:* (do lat. *tenentia,* "coisas que se tem, bens, avares") pensão periódica, ordinariamente em dinheiro, que alguém recebe do Estado, ou de particular para seu sustento. JMW registra "quantia que o rei dava para sustentar a seus cavaleiros, por razões de serviços".

em matar nos fiéis Portuguêses
Do puro enfadonho três, ou quatro mil.

E porque de mecânica[508] tanta
Não foi dispensado, tenho para mim,
Que em usar da mecânica falsa
Se soube livrar da mecânica vil.

É possível que calce tão alto
A baixa vileza de um sujo escarpim,[509]
Para o qual não é água bastante
A grossa corrente do Guadalquebir?[510]

Marinículas é finalmente
Sujeito de prendas de tanto matiz,
Que está hoje batendo moeda,
Sendo ainda ontem um vilão ruim.[511]

---

508. *Mecânica:* trabalho ou ocupação de origem ou condição inferior (que exige o emprego das mãos; fig., comércio).
509. *Escarpim:* (des., do it. *scarpino)* sapato, que deixava o calcanhar descoberto; espécie de chinela.
510. *Guadalquebir:* por Guadalquevir; rio da Espanha que passa por Córdova e Sevilha, desaguando no Atlântico (curso 579km).
511. *Sendo ainda ontem um vilão ruim:* este poema teria sido escrito contra Antonio Conti, deportado para o Brasil em 1652, ou contra Nicolau de Oliveira, provedor da Casa da Moeda, e pertence ao período que GM se encontrava em Portugal.

BIBLIOGRAFIA

A bibliografia sobre Gregório de Matos, na atualidade, é considerável, atingindo cerca de 200 títulos. Estão registrados os que foram consultados com maior frequência. Vão relacionadas entre parênteses as iniciais do autor ou da editora responsável pelas publicações, úteis para identificação nas notas ao pé de página.

1. *Obras Completas de Gregório de Matos* – Organização de James Amado, sete vol., Editora Janaína, Bahia, 1968 (OC/JA).

2. *Obras de Gregório de Matos* – Organização de Afrânio Peixoto, seis volumes, publicações da Academia Brasileira de Letras, 1923-1933 (OGM/ABL).

3. *Gregório de Matos: Poemas Escolhidos* – Organização de José Miguel Wisnik, Editora Cultrix, São Paulo, 1976 (JMW).

4. *Gregório de Matos* – Organização de Segismundo Spina, Editora Assunção, São Paulo, s.d.p. (SS).

5. *Florilégio da Poesia Brasileira* – Organização de Adolfo Varnhagen, publicações da Academia Brasileira de Letras (vol. 1), 1946 (2ª Edição).

6. *Panorama da Poesia Brasileira* – Antonio Soares Amora, Editora Civilização Brasileira (vol. 1), São Paulo, 1959 (ASA).

7. *Vida do Excelente Poeta Lírico, o Doutor Gregório de Matos e Guerra* – Manuel Pereira Rabelo, "Obras Completas...", Editora Janaína, Bahia, 1969.

8. *Gregório de Matos e Guerra: Uma Re-Visão Biográfica* – Fernando da Rocha Peres, Edições Macunaíma, Bahia, 1983 (FRP).

9. *A Vida Espantosa de Gregório de Matos* – Pedro Calmon, Livraria José Olympio Editora, Rio de Janeiro, 1983 (PC).

10. *Os Melhores Poemas de Gregório de Matos* – Seleção de Darcy Damasceno, Global Editora, São Paulo, 1985.

11. *O Resgate da Dissonância: Sátira e Projeto Literário Brasileiro* – Ângela Maria Dias, Edições Antares/Inelivro, Rio de Janeiro, 1981.

12. *Poesia e Protesto em Gregório de Matos* – Fritz Teixeira de Salles, Editora Interlivros, Minas Gerais, 1975.

13. *Gregório de Matos. Estudo e Antologia* – Maria de Lourdes Teixeira, Edições Melhoramentos/INL, São Paulo, 1977.

14. *Para Conhecer Melhor Gregório de Matos* – Hélio Pólvora, Bloch Editores, Rio de Janeiro, 1974.

15. *Literatura Comentada/Gregório de Matos* – Organização de Antonio Dimas, Abril/Educação, São Paulo, 1981 (AD).

16. *Gregório de Matos e Outros Ensaios* – Antonio Loureiro de Souza, Edições Progresso, Bahia, 1959.

17. *Gregório de Matos (Maneirismo e Barroco)* – Eduardo Portella, Revista Tempo Brasileiro (45/46), Rio de Janeiro, abril/setembro, 1976.

18. *Arte Final para Gregório* – Augusto de Campos, em Bahia-invenção/antiantologia de poesia baiana, Editora Propeg, Bahia, 1974.

19. Artigos do professor Fernando da Rocha Peres: "Negros e Mulatos em Gregório de Matos, Afro-Ásia, n°s 4-5, Centro de Estudos Afro-Orientais da Universidade Federal da Bahia, Salvador, 1967: "Gregório de Matos e Guerra em Angola", Afro-Ásia, Ceao da UFBa, 1968; "Gregório

de Matos e Guerra, seu primeiro casamento", Universitas, Salvador, 1968, nº 1; "Documentos para uma Biografia de Gregório de Matos e Guerra", Universitas, Salvador, 1969, nº 2; "Os Filhos de Gregório de Matos e Guerra", Centro de Estudos Baianos, Salvador, 1969, nº 64.

Leitura complementar
1. *O Lúdico e as Projeções do Mundo Barroco* – Affonso Ávila, Editora Perspectiva, São Paulo, 1971.
2. *História da Literatura Brasileira* – Antonio Soares Amora, Edições Saraiva, São Paulo, 1955.
3. *A Bahia de Outrora* – Manuel Querino, Livraria Progresso Editora, Bahia, 1953.
4. *Teoria da Comunicação Literária* – Eduardo Portella, Edições Tempo Brasileiro, Rio de Janeiro, 1976.
5. *História da Literatura Brasileira, seus fundamentos econômicos* – Nelson Werneck Sodré, Livraria José Olympio Editora, Rio de Janeiro. 1940.

Coleção L&PM POCKET (Lançamentos mais recentes)

1245. **Morte por afogamento e outras histórias** – Agatha Christie
1246. **Assassinato no Comitê Central** – Manuel Vázquez Montalbán
1247. **O papai é pop** – Marcos Piangers
1248. **O papai é pop 2** – Marcos Piangers
1249. **A mamãe é rock** – Ana Cardoso
1250. **Paris boêmia** – Dan Franck
1251. **Paris libertária** – Dan Franck
1252. **Paris ocupada** – Dan Franck
1253. **Uma anedota infame** – Dostoiévski
1254. **O último dia de um condenado** – Victor Hugo
1255. **Nem só de caviar vive o homem** – J.M. Simmel
1256. **Amanhã é outro dia** – J.M. Simmel
1257. **Mulherzinhas** – Louisa May Alcott
1258. **Reforma Protestante** – Peter Marshall
1259. **História econômica global** – Robert C. Allen
1260. (33).**Che Guevara** – Alain Foix
1261. **Câncer** – Nicholas James
1262. **Akhenaton** – Agatha Christie
1263. **Aforismos para a sabedoria de vida** – Arthur Schopenhauer
1264. **Uma história do mundo** – David Coimbra
1265. **Ame e não sofra** – Walter Riso
1266. **Desapegue-se!** – Walter Riso
1267. **Os Sousa: Uma família do barulho** – Mauricio de Sousa
1268. **Nico Demo: O rei da travessura** – Mauricio de Sousa
1269. **Testemunha de acusação e outras peças** – Agatha Christie
1270. (34).**Dostoiévski** – Virgil Tanase
1271. **O melhor de Hagar 8** – Dik Browne
1272. **O melhor de Hagar 9** – Dik Browne
1273. **O melhor de Hagar 10** – Dik e Chris Browne
1274. **Considerações sobre o governo representativo** – John Stuart Mill
1275. **O homem Moisés e a religião monoteísta** – Freud
1276. **Inibição, sintoma e medo** – Freud
1277. **Além do princípio de prazer** – Freud
1278. **O direito de dizer não!** – Walter Riso
1279. **A arte de ser flexível** – Walter Riso
1280. **Casados e descasados** – August Strindberg
1281. **Da Terra à Lua** – Júlio Verne
1282. **Minhas galerias e meus pintores** – Kahnweiler
1283. **A arte do romance** – Virginia Woolf
1284. **Teatro completo v. 1: As aves da noite** *seguido de* O visitante – Hilda Hilst
1285. **Teatro completo v. 2: O verdugo** *seguido de* A morte do patriarca – Hilda Hilst
1286. **Teatro completo v. 3: O rato no muro** *seguido de* Auto da barca de Camiri – Hilda Hilst
1287. **Teatro completo v. 4: A empresa** *seguido de* O novo sistema – Hilda Hilst
1289. **Fora de mim** – Martha Medeiros
1290. **Divã** – Martha Medeiros
1291. **Sobre a genealogia da moral: um escrito polêmico** – Nietzsche
1292. **A consciência de Zeno** – Italo Svevo
1293. **Células-tronco** – Jonathan Slack
1294. **O fim do ciúme e outros contos** – Proust
1295. **A jangada** – Júlio Verne
1296. **A ilha do dr. Moreau** – H.G. Wells
1297. **Ninho de fidalgos** – Ivan Turguêniev
1298. **Jane Eyre** – Charlotte Brontë
1299. **Sobre gatos** – Bukowski
1300. **Sobre o amor** – Bukowski
1301. **Escrever para não enlouquecer** – Bukowski
1302. **222 receitas** – J. A. Pinheiro Machado
1303. **Reinações de Narizinho** – Monteiro Lobato
1304. **O Saci** – Monteiro Lobato
1305. **Memórias da Emília** – Monteiro Lobato
1306. **O Picapau Amarelo** – Monteiro Lobato
1307. **A reforma da Natureza** – Monteiro Lobato
1308. **Fábulas** *seguido de* Histórias diversas – Monteiro Lobato
1309. **Aventuras de Hans Staden** – Monteiro Lobato
1310. **Peter Pan** – Monteiro Lobato
1311. **Dom Quixote das crianças** – Monteiro Lobato
1312. **O Minotauro** – Monteiro Lobato
1313. **Um quarto só seu** – Virginia Woolf
1314. **Sonetos** – Shakespeare
1315. (35).**Thoreau** – Marie Berthoumieu e Laura El Makki
1316. **Teoria da arte** – Cynthia Freeland
1317. **A arte da prudência** – Baltasar Gracián
1318. **O louco** *seguido de* Areia e espuma – Khalil Gibran
1319. **O profeta** *seguido de* O jardim do profeta – Khalil Gibran
1320. **Jesus, o Filho do Homem** – Khalil Gibran
1321. **A luta** – Norman Mailer
1322. **Sobre o sofrimento do mundo e outros ensaios** – Schopenhauer
1323. **Epidemiologia** – Rodolfo Saracci
1324. **Japão moderno** – Christopher Goto-Jones
1325. **A arte da meditação** – Matthieu Ricard
1326. **O adversário secreto** – Agatha Christie
1327. **Pollyanna** – Eleanor H. Porter
1328. **Espelhos** – Eduardo Galeano
1329. **A Vênus das peles** – Sacher-Masoch
1330. **O 18 de brumário de Luís Bonaparte** – Karl Marx
1331. **Um jogo para os vivos** – Patricia Highsmith
1332. **A tristeza pode esperar** – J.J. Camargo
1333. **Vinte poemas de amor e uma canção desesperada** – Pablo Neruda
1334. **Judaísmo** – Norman Solomon
1335. **Esquizofrenia** – Christopher Frith & Eve Johnstone
1336. **Seis personagens em busca de um autor** – Luigi Pirandello
1337. **A Fazenda dos Animais** – George Orwell

lepmeditores
www.lpm.com.br
o site que conta tudo

IMPRESSÃO:

PALLOTTI
GRÁFICA

Santa Maria - RS | Fone: (55) 3220.4500
www.graficapallotti.com.br